Allitera Verlag

D1675173

Klaus Hahlbrock, Professor für Biochemie, war Direktor am Max-Planck-Institut für Züchtungsforschung in Köln sowie Vizepräsident der Max-Planck-Gesellschaft. Von ihm erschien bereits der Titel »Kann unsere Erde die Menschen noch ernähren?« (2007).

Klaus Hahlbrock

Natur und Mensch

Der lange Weg zum ökosozialen Bewußtsein

Allitera Verlag

Weitere Informationen über den Verlag und sein Programm unter
www.allitera.de

Dezember 2013
Allitera Verlag
Ein Verlag der Buch&media GmbH, München
© 2013 Buch&media GmbH, München
Umschlaggestaltung unter Verwendung eines Motivs von
© puckillustrations - Fotolia.com
Printed in Europe · ISBN 978-3-86906-604-2

Inhalt

Entfaltung des Bewußtseins

Handeln aus ökosozialem Bewußtsein

Gewidmet der Generation meiner Enkeltochter
und deren Zukunft

Mein herzlicher Dank für wertvolle Hinweise,
fachlichen Rat, stimulierende Gespräche
und kritische Begleitung dieses Buches gilt
Rainer Ahrendt, Carl-Lutz Geletneky,
Manfred Görg, Christoph Joachim,
Bernd-Olaf Küppers, Ulrike Leutheusser,
Manfred Milinski, Max von Tilzer
und Wolfgang Wickler

Vorwort

> Ein Problem kann nicht von demselben Bewußtsein
> gelöst werden, das es geschaffen hat.
>
> (ALBERT EINSTEIN)

Sind wir uns immer dessen bewußt, was wir tun? Wie oft denken wir darüber nach, warum wir etwas tun – ob wir es wirklich tun wollen oder vielleicht nur deshalb tun, weil »es schon immer so war« und »andere es ja auch tun«? Wird unser Handeln nicht viel mehr von eingeprägten Gewohnheiten, Konventionen und einem angeborenen Herdentrieb bestimmt als von eigenen, bewußten Entscheidungen? Und denken wir, bevor wir etwas tun, auch immer an die möglichen Konsequenzen?

Machen wir uns zum Beispiel die langfristigen globalen Folgen unseres Lebens im Überfluß, des Raubbaus an den tropischen Regenwäldern, der Verschmutzung unserer Umwelt und der zunehmenden Versiegelung der Böden bewußt? Oder das absehbare Ende unserer auf andauerndes Wachstum fixierten Konsumwelt sowie die sozialen, ökologischen und ökonomischen Konsequenzen der rasch mitwachsenden Armut vieler Menschen auf Kosten des rapide zunehmenden materiellen Reichtums vergleichsweise weniger?

Ist es überhaupt denkbar, daß unser Bewußtsein noch rechtzeitig von einer derart fest eingeprägten Gewinn- und Konsumorientierung auf ein vorausschauendes und zukunftsicherndes Verhalten umsteuert? Die Fülle kaum noch zu bewältigender Probleme – heute nennen wir sie »Krisen« – müßte doch längst ausreichen, um ein problembewußtes Handeln einzufordern.

Bei der Suche nach einer Antwort gibt uns das oben zitierte Wort von Albert Einstein einen wertvollen Hinweis. Denn neben einer grundsätzlichen Aussage über unser Bewußtsein enthält es implizit auch eine Aufforderung und eine entscheidende Frage. Indirekt fordert es uns zu Problembewußtsein auf und stellt damit zugleich auch die ergänzende Frage, inwieweit die Bereitschaft und die Fähigkeit dazu überhaupt vorhanden sind. Und dahinter steht wiederum die unüberhörbare Forderung, uns der vielen selbstgeschaffenen Probleme bewußt zu werden, sie ernst zu nehmen und dann auch tatsächlich zu lösen.

Doch wenn das Verhältnis zwischen Bewußtsein und Handeln so einfach wäre, hätte Einstein den Satz wohl kaum so formuliert. Denn die Entwicklung jedes einzelnen Bewußtseins ist ein lebenslanger und äußerst komplexer Prozeß, auf den die Betroffenen nur sehr begrenzten Einfluß haben. Entscheidende, vielleicht *die* entscheidenden Entwicklungsschritte erfolgen sogar schon so frühzeitig, daß wir dies weder bewußt wahrnehmen noch uns später daran erinnern. Die früheste, zunächst noch sehr sporadische Erinnerung an bewußt wahrgenommene Begebenheiten setzt normalerweise erst im Alter von ungefähr drei Jahren ein, wenn wesentliche Grundlagen des Bewußtseins bereits gelegt sind.

Um dies an einem konkreten Beispiel zu erläutern, beginne ich mit einem eigenen frühkindlichen Erlebnis, das mein weiteres Leben, einschließlich der Motivation zum Schreiben dieses Buches, stark geprägt hat.

Zu meinen frühesten Erinnerungen gehört die »Arbeit« im Garten meiner Großmutter. Ein Foto aus dieser Zeit – ich muß etwa zwei Jahre alt gewesen sein – zeigt mich mit Gartenschürze und einer kleinen Gießkanne beim Blumengießen. Meine eigene Erinnerung beginnt damit, daß ich von der Großmutter lernte, daß Pflanzen regelmäßig Wasser brauchen, außerdem genügend Licht, das ihnen die Kraft zum Wachsen gibt, lockeren Boden, damit die Regenwürmer und andere Kleintiere ihre Arbeit verrichten können, und ab und zu Dünger als Nahrung – wie ich meinen Grießbrei und meinen Kakao. Vorsichtig grub sie mit mir Regenwürmer aus, wir staunten über ihre Beweglichkeit ohne Beine und legten sie ebenso vorsichtig wieder zurück in ihre unterirdische Werkstatt. Wir suchten nach Spinnennetzen, um die Kunstfertigkeit der flinken Achtbeiner beim Knüpfen ihrer Netze und beim Einspinnen der Beute zu bewundern, und wir jubelten gemeinsam, wenn bunte Schmetterlinge auf den Blüten landeten und mit ihren Rüsseln Honig saugten.

Später im Jahr ernteten wir die Früchte und das Gemüse, deren Entwicklung wir von der Blüte oder der Aussaat bis zur Reife verfolgt hatten. Dabei erinnerten wir uns noch einmal an alles, was wir über die verschiedenen Wachstumsstadien vom Samen bis zur reifen Frucht, über die Pflege der Pflanzen und über die Rolle der Bienen bei der Bestäubung der Blüten und der Ameisen, Vögel und Eichhörnchen bei der Samenverbreitung gelernt hatten. Bald bekam ich auch ein eigenes Beet und durfte selbst entscheiden, was ich säte, pflanzte, pflegte und erntete – unter einer Bedingung: Ich mußte ein fürsorglicher Gärtner sein. Dann waren jede Blüte und jede Ernte ein kleines Fest und jeder Mißerfolg ein Ansporn.

Diese beeindruckenden und weit über die Kindheit hinauswirkenden Erlebnisse haben so tiefe Spuren hinterlassen, daß mein Bewußtsein dadurch eine lebenslange Prägung erhalten hat. Der Grundstein dazu – belegt durch Erzählungen und Fotos – wurde vor Beginn meiner bewußten Erinnerung gelegt.

Als die Großmutter starb, war ich zu jung, um zu begreifen, welch unschätzbaren Wert sie mir damit hinterlassen hatte. In dieser frühen, so entscheidenden Phase meiner Bewußtseinsbildung hatte sie mir unbemerkt einen bleibenden Eindruck von dem vermittelt, was ich heute als »die komplexe Dynamik ökologischer Zusammenhänge« bezeichnen würde: kein Wachstum ohne die dafür notwendigen Umweltbedingungen, keine Frucht ohne die verschiedenen im Samen angelegten Entwicklungsstadien, keine lebendige Vielfalt ohne Rücksicht auf die inneren Gesetze der Natur.

Und über das unmittelbar Erlebte hinaus wurde dem aufkeimenden Bewußtsein ein erstes Gefühl dafür vermittelt, wie sehr letztlich alles um uns herum und in uns selbst in Zusammenhänge eingebettet ist – wie sehr alle Aspekte unseres Erlebens, Denkens und Bewußtseins miteinander verbunden sind und ein in sich geschlossenes Ganzes bilden.

Meine berufliche Entwicklung war damit vorgeprägt. Nach einiger Zeit als Hochschullehrer arbeitete ich in einem Forschungsinstitut, das sich mit den Grundlagen der Pflanzenzüchtung und der Welternährung beschäftigt. Daraus entstand ein Buch mit dem Titel »Kann unsere Erde die Menschen noch ernähren?«. Die Schlußbilanz lautete, daß wir als global vernetzte Menschheit nur dann eine Zukunft haben, wenn wir die rücksichtslose Zerstörung unserer natürlichen Lebensgrundlagen unverzüglich beenden und durch bewußtes und vernetztes Denken und Handeln in ökologischen und sozialen Zusammenhängen ersetzen.

Offenbleiben mußte allerdings die unmittelbar anschließende Frage, ob und wie dies geschehen kann. Bisher waren
das menschliche Bewußtsein und Handeln in ihrer langen
Evolution auf genau diejenigen Verhaltensweisen ausgerichtet, die es nun so plötzlich zu ändern gilt: Wachstum, Ver-
mehrung sowie Aneignung und Ausbeutung aller erreichbaren und nun zunehmend versiegenden Ressourcen. Liegt
der Schlüssel also in der Natur und der Anpassungsfähigkeit unseres Bewußtseins?

Daraus ergaben sich die Kernfragen dieses Buches: Wie flexibel ist unser Bewußtsein? Kann es innerhalb kürzester
Zeit von einer Jahrmillionen lang dominierenden Zielrichtung in eine andere umschwenken? Oder geht es vielleicht
gar nicht um ein völliges Umschwenken, sondern eher
um eine entscheidende Kurskorrektur – um den nächsten
Schritt in unserer evolutionären Anpassung an die sich
ständig verändernden Umweltbedingungen? Und vor allem: Welche Schlüsse ziehen wir aus den Antworten auf
diese Fragen für unser künftiges Verhalten?
  Bei näherer Betrachtung haben die Fragen einen sehr ele-
mentaren Hintergrund. Was ist überhaupt Bewußtsein?
Wie ist es möglich, daß wir uns zwar im Prinzip der vielen krisenhaften Zuspitzungen unserer Lebensumstände bewußt sind, unser Handeln jedoch höchstens durch
Minimalkorrekturen, nicht aber durch zukunftsfähige
Maßnahmen darauf abstimmen? Klimakrise, Finanzkrise,
Bildungskrise, Sinnkrise – kaum eine Wortkombination ist
so en vogue und kaum ein Problem beschäftigt die Politik,
die Medien und die Stammtische so sehr wie die Soundso-
Krise.
  Am Bewußtsein sollte es also eigentlich nicht liegen –
oder vielleicht doch? Eine Krise ist schließlich kein unab-

wendbares Schicksal, sondern »der kritische Höhe- und Wendepunkt einer schwierigen Lage«. Von Beginn an war die Menschheitsgeschichte eine Geschichte der Überwindung von Krisen. Und das wird auch immer so bleiben; es ist die Vorgabe unserer natürlichen Lebensbedingungen. Offenbar mangelt es uns aber trotz des ständigen Beschwörens von Krisen daran, uns diese unausweichliche Tatsache bewußt zu machen und entsprechend zu handeln. Doch dazu müssen die täglichen Krisenmeldungen wenigstens so tief in unser Bewußtsein eindringen, daß sie uns nicht nur als emotional reizvolle, aber unverbindliche Unterhaltung dienen, sondern persönlich ansprechen und zu ihrer Bewältigung aufrufen. Nichts stumpft so sehr ab wie die ständige Überflutung mit denselben Reizen.

Bereits bei den ersten Überlegungen über einen geeigneten Zugang zu diesem Themenkomplex zeigte sich, wie breit er angelegt sein muß, um nicht in Teilaspekten steckenzubleiben. Das verlangt vom Autor strikte Beschränkung auf das Wesentliche und vom Leser das entsprechende Verständnis, einschließlich der eng begrenzten und naturgemäß äußerst subjektiven Auswahl von weiterführender und möglichst allgemeinverständlicher Literatur sowie von Originalzitaten mit den zugehörigen Quellenangaben. Um den Lesefluß nicht unnötig zu stören, habe ich beides, die Literatur- und die Quellenhinweise, nicht im fortlaufenden Text, sondern erst am Ende des Buches angegeben.

Ein wichtiger Teil der Ausführungen wird sich auf ältere Bewußtseinsformen und auf die Entwicklungsgeschichte des menschlichen Bewußtseins beziehen. Das birgt eine oft übersehene Gefahr: Wir haben eine tiefsitzende Neigung, uns selbst zum Maßstab zu nehmen und frühere wie auch andere heutige Lebensweisen aus persönlich-subjektiver

Perspektive zu beurteilen. Doch gerade im Zusammenhang mit der Bewußtseinsgeschichte ist es unerläßlich, sich klarzumachen, wie begrenzt unsere Fähigkeiten sind, uns in das Denken und Fühlen anderer, schon gar von Steinzeitmenschen, hineinzuversetzen.

Es kann nicht Ziel dieser Ausführungen sein, detaillierte Sachinformation über die einzelnen Teilgebiete zu vermitteln. Zentrales Anliegen ist es vielmehr, die verschiedenen Arten der Bedrohung des eigenen und allen übrigen Lebens auf der Erde sowie das dem zugrundeliegende menschliche Verhalten zu analysieren und für eine entsprechend problembewußte, auf Nachhaltigkeit ausgerichtete Lebensweise zu werben.

Zur Einstimmung in dieses doppelte Anliegen beschließe ich das Vorwort mit einem kurzen (ge-dichteten) Prolog, auf den ich im Schlußwort mit einem Epilog in ähnlicher Form antworten werde:

Verlust der Mitte und der Pole,
wer hält mit diesem Tempo schritt?
Selbst unsre heiligen Symbole
vollziehen diesen Wandel mit.

Erst Pyramide, erdgebunden,
dann Kathedrale, Drang zum Licht,
jetzt Fernsehturm für Talkshow-Runden,
die Satelliten sieht man nicht.

War am Anfang noch die Erde
Muttergöttin, scheint es jetzt,
daß sie ungenießbar werde,
während man aufs Weltall setzt.

Was ist es, das dem Vorwärtsstreben
die selbstentfernte Richtung weist?
Auch Leib und Seele sind das Leben,
Drei-Einheit mit dem forschen Geist.

Einleitung

Πολλά τά δεινά, κούδέν ἀνθρώπου δεινότερον πέλει
Ungeheuer ist viel, und nichts ungeheurer als der Mensch.

(SOPHOKLES, »ANTIGONE«)

Kein anderes Lebewesen hat sich jemals so erfolgreich an die unterschiedlichsten Lebensbedingungen angepaßt und sich so weitgehend »die Erde untertan gemacht« wie der Mensch. Das war ihm keineswegs in die Wiege gelegt. Erst vor einigen Millionen Jahren entwickelte sich der erste menschenähnliche Urahn vom hangelnden Baumbewohner zum aufrechten Steppenläufer. Das Überleben dieser neuen Primatenart war während der längsten Zeit ihrer Evolution höchst unsicher gewesen. Nur eine von zahlreichen Entwicklungslinien hat bis heute überlebt: Homo sapiens. Sein bekanntester Vetter und letzter lebender Konkurrent um Nahrung und Lebensraum, der Neandertaler, war vor ca. 30 000 Jahren ausgestorben, alle übrigen schon wesentlich früher.

Zu diesem Zeitpunkt hatte Homo sapiens nicht nur den langen und harten Überlebenskampf in der afrikanischen Savanne bestanden, sondern sich über weite Teile Europas und Asiens bis nach Amerika und Australien ausgebreitet. Heute gibt es auf der gesamten Erdoberfläche kaum noch von ihm unberührte Gebiete.

Für einen Abkömmling von zentralafrikanischen Klettertieren war diese globale Ausbreitung allein schon eine einmalige Erfolgsgeschichte. Noch einmaliger war der evolutionsgeschichtlich ungewöhnlich kurze Zeitraum, in dem sich diese Entwicklung abspielte. Die einander ergänzenden Schritte der biologischen und der kulturellen Evolution erfolgten in immer kürzeren Abständen: nur wenige Millionen Jahre vom Nestbauer in Tropenwäldern zum wandernden Steinzeitmenschen mit Werkzeug, Waffen und Herdfeuer; kaum 100 000 Jahre vom Afrikaner zum Kosmopoliten auf allen Kontinenten der Erde; und keine 10 000 Jahre vom verstreut umherziehenden Sammler und Wildbeuter zum automobilen, global vernetzten Land- und Stadtbewohner mit mehr als sieben Milliarden Artgenossen.

Dazu bedurfte es außergewöhnlicher körperlicher, geistiger und handwerklicher Fähigkeiten, die Homo sapiens von allen übrigen Lebewesen unterschieden und ihm einzigartige Überlegenheit verliehen. Alles, was ihm Lebensraum, Nahrung und sonstige Ressourcen streitig machte, fiel seinem Drang nach Überlebenssicherung, Expansion und Vorherrschaft zum Opfer. Verglichen mit dem tausendfach längeren Zeitraum, in dem die ganze Vielfalt der vergangenen und jetzt lebenden Arten entstand, brauchte Homo sapiens nur einen winzigen Bruchteil der jüngsten Erdgeschichte, um vom Bedrohten zum Bedroher einer Biosphäre zu werden, der er seine Existenz verdankt und die auch weiterhin seine unverzichtbare Lebensgrundlage bildet. Der scheinbar unaufhaltsame Erfolg ist seinem abrupten Ende bedrohlich nahe gekommen.

Die Bedrohung hat viele Gesichter. Übervölkerung, Umweltzerstörung, Klimawandel, Wüstenbildung, Artenschwund und Ressourcenknappheit sind nur einige der Schlüsselbegriffe, die das Ende der bisherigen Entwicklung markieren. Selbst ein großer Teil der eigenen Artgenossen ist hart betroffen. Soziales, wirtschaftliches und politisches

Dominanzstreben erzeugen ein steiles Gefälle zwischen Reich und Arm, Macht und Ohnmacht, Aneignung und Ausbeutung. Eine Milliarde Menschen hungern, Millionen von ihnen verhungern in jedem Jahr.

Auf der Gegenseite stehen vergleichbare Zahlen für diejenigen, die im Überfluß leben oder daran sterben. Aufstrebende Entwicklungs- und Übergangsländer versuchen, den Lebensstil der Überflußländer zu kopieren – einen Lebensstil, der schon jetzt ein Mehrfaches dessen erfordert, was eine zukunftsfähige Weltwirtschaft an Ressourcennutzung und Abfallproduktion zulassen würde. Unersetzliche Ökosysteme werden ohne Rücksicht auf ihre Bedeutung für die Stabilität der Biosphäre und des Klimas für Siedlungsraum, Verkehrswege, industrielle Nutzung, Massentierhaltung und Freizeitanlagen »erschlossen« und damit unwiederbringlich zerstört. Gewässer, Böden und Luft werden zunehmend mit Schadstoffen befrachtet.

Die Grenzen einer nachhaltigen Belastbarkeit unseres Lebensraums sind längst überschritten. Nach derzeitigen Schätzungen beträgt der »ökologische Fußabdruck« des Menschen auf der Erde schon jetzt das Mehrfache ihrer dauerhaften Leistungsfähigkeit.

Wir verantworten nicht den Zustand, in dem wir dieses Erbe übernommen haben, wohl aber, wie wir es verwalten und weitervererben. Wir, die jetzt Lebenden, verantworten die Lebens- und Überlebensmöglichkeiten der uns nachfolgenden Generationen. Und genau darin liegt die historisch einmalige Herausforderung: Zum ersten Mal in der Menschheitsgeschichte ist ein sofortiger, radikaler Kurswechsel unausweichlich, wenn wir einen plötzlichen Abbruch der bisherigen Entwicklung verhindern wollen. Mehr Lebensraum und Reichtum an natürlichen Ressourcen bietet die

Erde nicht. Bis jetzt waren Wachstum und Dominanz der bestimmende Kurs. Der neue Kurs muß bestimmt sein von Gemeinsinn und Vorsorge (Abbildung 1).

Ursachen und Folgen der Ausbreitung des Menschen

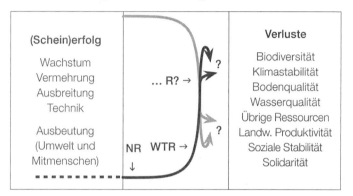

Abb. 1. Entwicklung der menschlichen Bevölkerung und Ressourcennutzung (schwarze Kurve und linker Schriftblock) seit dem Beginn von Ackerbau, Viehhaltung und Seßhaftigkeit (NR = Neolithische Revolution, WTR = Wissenschaftlich-technische Revolution). Die gegenläufige graue Kurve und der rechte Schriftblock bezeichnen die dadurch bedingten Verluste an ökologischer, ökonomischer und sozialer Stabilität. Die Fragezeichen markieren die gegenwärtige kritische Situation, in der ein Kollaps (obere schwarze und untere graue Pfeilspitze) nur durch radikale Änderung (... R?) der bisherigen menschlichen Verhaltensweise verhindert werden kann (verändert nach Hahlbrock, 2011). Antworten geben das 3. Kapitel und Abbildung 8 (S. 207).

Aber so unausweichlich wie dieser Kurswechsel, so schwer lösbar ist die Aufgabe. Wie soll der Wechsel geschehen? Ist eine derart drastische Wende angesichts einer so langen und kontinuierlichen Entwicklung überhaupt denkbar? Oder konkreter, auf die uns tatsächlich verfügbaren Denk- und Handlungsoptionen bezogen: Schließen die natürlichen Veranlagungen von Homo sapiens die Möglichkeit eines so radikalen Umdenkens und Umsteuerns ein, d. h., ist ein plötzlicher Wechsel von ungebremster und unhinterfragter Ausbreitung und Ausbeutung ohne Maß und Ziel zu maßvollem und vorausschauendem Bewahren einer menschenverträglichen Biosphäre grundsätzlich möglich?

Um auf diese Kernfrage zur Zukunft der Menschheit eine möglichst realistische Antwort zu finden, scheint es mir unerläßlich, uns zunächst die biologischen und kulturellen Grundlagen der bisherigen Entwicklung zu vergegenwärtigen. Entscheidend ist dabei die Entwicklung des menschlichen Bewußtseins und des daraus entspringenden Handelns. Nur aus sicherer Distanz zur eigenen, subjektiven Befindlichkeit und zeitbezogenen Sichtweise können wir hoffen, die Frage einigermaßen zuverlässig zu beantworten. Bestimmender Leitfaden muß der lange Weg von der ursprünglichen Einheit mit der Natur über die zunehmend selbstgefährdende Trennung zur Neubesinnung auf die Unauflöslichkeit dieser Einheit sein. Die absehbare Alternative wäre Selbstzerstörung bei vollem Bewußtsein.

»Ungeheuer ist viel, und nichts ungeheurer als der Mensch.« So beginnen die berühmten Mahnworte des Chors der thebanischen Alten in Sophokles' »Antigone«. Der Doppeldeutigkeit des Wortes »ungeheuer« (δεινός) entspricht die sich anschließende Aufzählung vieler einzigartiger Fähigkeiten des Menschen – im Gestalten ebenso wie im Zerstören. Heute, nach fast 2500 Jahren eindrücklicher Bestätigung dieser Feststellung, sollte es jeder Mühe wert sein zu ergründen, ob zum Ungeheuren im

Menschen auch die Fähigkeit gehört, die eigene Zukunft langfristig zu gestalten anstatt sie in bedrohlich kurzer Frist zu zerstören.

Einheit und Trennung von Mensch und Natur

> Alles, was gegen die Natur ist,
> hat auf Dauer keinen Bestand.
>
> (CHARLES DARWIN)

Wie jedes andere Lebewesen sind auch wir Menschen Produkte einer langen Evolution. Das einzige, was uns von allem übrigen Leben grundsätzlich unterscheidet, ist ein Gehirn mit überdurchschnittlicher Befähigung zu analytischem Verstand, reflektierendem Bewußtsein und bis ins Transzendente reichender Empathie. Zwar ist auch dieses Gehirn ein Ergebnis der natürlichen Evolution, jedoch mit einzigartigen Rückwirkungen auf die weitere Entwicklung der gesamten irdischen Biosphäre, einschließlich unserer eigenen Überlebensmöglichkeiten. Wir sind nicht nur Produkte, wir sind auch aktive Gestalter und Zerstörer unserer Mitwelt – Bestandteil und zugleich Mit- und Gegenspieler der natürlichen, vom Menschen unbeeinflußten Evolution.

Um dieser Doppelrolle Rechnung zu tragen, werde ich im Folgenden alles mit »Natur« bezeichnen, was außerhalb unseres spezifisch menschlichen Denkens, Wollens und Handelns liegt. Also auch unsere eigene Natur in allen sonstigen Erscheinungsformen. Treffpunkt beider Sphären ist die Verknüpfung der »natürlichen«, unbemerkt ablaufenden Tätigkeit unseres Gehirns mit dessen darüber hinausgehender Sonderbegabung.

Die Begabung als solche ist Teil unseres biologischen Erbes, ihre Anwendung und ihre Äußerungen sind Ausgangspunkt und Träger unseres spezifisch menschlichen kulturellen Erbes. Während das kulturelle Erbe rapide anwächst und seine Folgeerscheinungen zunehmend in den Vordergrund treten, hat sich das biologische Erbe in der evolutionsgeschichtlich kurzen Zeit seit der Entstehung der unmittelbaren Vorläufer von Homo sapiens vor ca. ein bis zwei Millionen Jahren kaum verändert.

Bevor ich darauf näher eingehe, sollte ich die drei Schlüsselbegriffe Verstand, Bewußtsein und Empathie so definieren, wie ich sie im Folgenden verwenden werde, insbesondere die Bevorzugung von »Verstand« gegenüber der häufig benutzten Alternative »Vernunft«. Vernunft impliziert, vor allem seit Kants Unterscheidung von theoretischer und praktischer Vernunft, eine qualitative Wertung im Sinne von »vernünftig handeln« oder »vernünftig sein«. Gerade das ist aber hier nicht gemeint. »Verstand« soll in diesem Zusammenhang ausdrücklich wertneutral die Fähigkeit bezeichnen, Zusammenhänge von Fakten und Ereignissen zu »verstehen« und daraus Schlüsse zu ziehen.

Bewußtsein ist dann die darüber liegende Ebene des »Wissens um das Wissen«, das bewußte Erleben der eigenen Verstandestätigkeit im Wahrnehmen, Denken, Reflektieren und Vorstellen des Selbst und der übrigen Welt. Das nochmals darüber hinausreichende Phänomen der Empathie ist das Einfühlungsvermögen in die Seelen- und Bewußtseinszustände anderer sowie dessen philosophische und religiöse Überhöhung. Daß das Selbstbild nicht ohne Empathie und Spiegelung im anderen vorstellbar ist, wird noch besonders zu betonen sein.

In diesem Sinne sind die Sonderbegabungen Verstand, Bewußtsein und Empathie sowie deren kulturelle Auswirkungen der spezifisch menschliche Teil unseres biologischen Erbes. Soweit dieselben Begriffe überhaupt für das Tierreich angewendet werden, geschieht dies aus anthropozentrischer Sicht und erfordert entsprechende analytische Distanz und semantische Differenzierung.

Auch die Unterscheidung von biologischer und kultureller Evolution verlangt eine begriffliche Präzisierung, da letztlich auch die kulturelle eine Folge der biologischen Evolution ist. Hier sollen »biologisch« für »genetisch vererbt oder erworben« und »kulturell« für »kulturell überliefert« stehen.

Das biologische Erbe

Träger des biologischen Erbes, das bis zu unserem heutigen Bewußtsein geführt hat, sind die chemische Struktur und die Ausprägungsmuster der Gene. Beides unterscheidet sich je nach Verwandtschaftsgrad mehr oder weniger zwischen einzelnen Individuen. Nicht einmal eineiige Zwillinge sind genetisch absolut identisch. Doch selbst die unterschiedlichsten Individuen derselben Art sind einander genetisch wesentlich ähnlicher als irgendeinem beliebigen Individuum einer noch so nahe verwandten anderen Art. Dennoch unterscheiden wir, der jetzt lebende Homo sapiens, uns in der chemischen Grundstruktur aller bisher untersuchten Gene von unserem nächsten Verwandten unter den Menschenaffen, dem Schimpansen, nur um wenige Prozent.

Deutlich geringer als mit den Menschenaffen, aber immer noch bemerkenswert nah ist unsere genetische Verwandtschaft mit den übrigen Säugetierarten wie Hund, Pferd oder Maus. Trotz der sichtbaren (z. B. Augen- und Haarstruktur) und unsichtbaren Übereinstimmungen (z. B. Immun- und Verdauungssystem) verringert sich diese Verwandtschaft mit den äußerlich erkennbaren Unterschieden.

Nicht weniger entscheidend als die chemische Grundstruktur der Gene sind jedoch deren bisher noch vergleichsweise weniger gut untersuchten Ausprägungsmuster.

Den Verwandtschaftsgrad bestimmen alle genetisch festgelegten anatomischen, physiologischen und instinktgebundenen Unterschiede zwischen den Arten. So besitzen zum Beispiel nur Wirbeltiere wie Fisch, Frosch, Maus, Hund, Affe und Mensch vergleichbare Anlagen eines Knochengerüsts, Blutkreislaufs und Nervensystems. Dagegen stimmen viele Reaktionen des Grundstoffwechsels (Fett-, Zucker-, Eiweißumsatz usw.) sogar noch zwischen Mensch, Fliege, Reis und Hefe überein. Es sind nicht die relativ geringen Unterschiede im Grundstoffwechsel, sondern die sehr viel stärker voneinander abweichenden Merkmale im Körperbau, in der Wahrnehmung und im Verhalten, die die jeweiligen Abstände im Stammbaum der Arten ausmachen. So zeichnet Affe und Mensch ein stark ausgeprägtes visuelles Wahrnehmungsvermögen aus, den Hund oder den Wolf statt dessen ein besonders hochentwickelter Geruchssinn.

Beim Affen ist die Betonung eines guten räumlichen Sehvermögens das offensichtliche Ergebnis seiner evolutionären Anpassung an zielsicheres Klettern und Springen zwischen Ästen und Bäumen. Für den Hund ist dagegen eine sensible Differenzierung verschiedener Gerüche zum Aufspüren von Nahrung sowie zum Erkennen und Unterscheiden von Artgenossen wichtiger als visuelle Orientierung.

Unserem gemeinsamen biologischen Erbe mit Schimpansen und anderen Menschenaffen verdanken wir neben dieser bevorzugt visuellen Veranlagung auch die anatomischen Voraussetzungen für die Entwicklung zum aufrecht gehenden, geistig, handwerklich und sprachlich begabten Homo sapiens. Der bereits zum Aufrichten begünstigte

Körperbau ermöglichte einige für die Menschheitsentwicklung entscheidende morphologische Veränderungen: die Vergrößerung des Kopfvolumens und damit die Ausbildung eines komplexeren und leistungsfähigeren Gehirns, das Umfunktionieren der Hände vom Hangeln und Laufen zu geschicktem »Hantieren« sowie eine veränderte Atemrhythmik und Kehlkopfstellung als anatomische Grundlagen für differenziertes Sprechen.

Daß diese Entwicklung einerseits überhaupt, andererseits sogar in evolutionsgeschichtlich ungewöhnlich kurzer Zeit stattfinden konnte, war der Entstehung einer großräumigen »ökologischen Nische« vor etwa acht bis zehn Millionen Jahren zu verdanken: der klimabedingten Umwandlung von dichtem afrikanischem Tropenwald in offene Savannenlandschaft. In dieser Geländeform waren ausdauerndes Laufen, gutes räumliches Sehvermögen auf weite Distanzen, sozialer Zusammenhalt in wehrhaften Gruppen und flexibler Wechsel zwischen pflanzlicher und tierischer Nahrung entscheidende evolutionäre Vorteile.

Vorteilhafte körperliche Merkmale sind jedoch nur ein Teil dessen, was Überlebensfähigkeit in einem komplexen Ökosystem ausmacht. Jedes Tier, vom kleinsten Wurm oder Insekt bis zum höchstentwickelten Primaten, ist mit einem ebenfalls genetisch verankerten Programm ausgestattet, das neben den Körperfunktionen auch die artspezifischen Verhaltensmuster steuert. Wir bewundern die scheinbar ungeordnete und dennoch harmonisch aufeinander abgestimmte Betriebsamkeit und soziale Rangordnung in einem Bienenstock oder Ameisenhaufen, die exakt eingehaltenen Regeln bei der Balz eines Vogelpaares oder das geordnete, durch regelmäßigen Positionswechsel stabilisierte Band eines Vogelschwarms während des Zuges in ein weit entferntes Winterquartier.

Keines dieser Verhaltensmuster wird durch bewußtes, handlungsorientiertes Denken gesteuert, ebensowenig wie etwa die perfekte Koordination der Beinbewegungen eines Tausendfüßers oder eines galoppierenden Pferdes. Es sind genetisch fixierte Verhaltensprogramme und Bewegungsabläufe. Bei »niederen« Tieren, etwa bei Insekten, sind sie schon bei der Geburt fertig ausgebildet, bei »höheren« Tieren wie Vögeln und Säugetieren müssen sie zunächst noch durch Übung präzisiert werden.

Daß dies auch für die Koordination der Muskelbewegungen und für den überwiegenden Teil des Verhaltens beim scheinbar so verstandes- und willensgeleiteten Homo sapiens gilt, ist den meisten seiner Repräsentanten kaum bewußt. Nicht nur die vielen vegetativ und hormonell gesteuerten Körperfunktionen wie Atmung, Herzschlag und Verdauung, auch die Koordination der Nerven und Muskeln beim Gehen, Sprechen, Essen und anderen Körperbewegungen laufen ohne Beteiligung unseres Verstandes ab.

Analoges gilt für die vielen instinktiven Reflexe und Gefühlsregungen wie Schreckstarre, angsterfüllte Flucht oder liebevolle Zuwendung. Auch wenn höher entwickelte Formen von Verstand, Bewußtsein und Empathie – soweit wir wissen können – unsere Sonderstellung und Abgrenzung vom Tierreich ausmachen, sind dennoch die weitgehend feste Programmierung unseres Verhaltens und die vegetative, von Bewußtsein und aktivem Handeln unabhängige Steuerung der Organ- und Bewegungsfunktionen lebensnotwendige Grundbedingungen.

Die artspezifischen Verhaltensprogramme und die vegetativen Funktionssteuerungen sind ebenso biologisches, genetisch festgelegtes Erbe wie das auf den ersten Blick auffälligere äußere Erscheinungsbild. Und hinter dem Erscheinungsbild verbirgt sich ein weiterer, in seiner Bedeutung oft unterschätzter Teil dieses Erbes: Nicht nur die Verhaltensmuster und die anatomischen Grundlagen für unsere Sonderbegabungen – Größe und Komplexität des Gehirns, Sprachfähigkeit und Fingerfertigkeit – sind phylogenetisch (im Lauf der Evolution) erworbenes und fixiertes Erbe. Auch der ontogenetische (persönlich-individuelle) Entwicklungsablauf von der befruchteten Eizelle bis zum ausgewachsenen Organismus ist Bestandteil dieses Erbes.

Beim Menschen kommt dabei der Gehirnentwicklung eine herausragende Bedeutung zu. Gemessen an der durchschnittlichen Lebensdauer durchläuft kein Säugetier vergleichbarer Größe ein so langes Entwicklungs- und Lernstadium von der Geburt bis zur Geschlechtsreife wie der Mensch. Entscheidend dafür ist die höchst komplexe, aber noch weitgehend formbare Gehirnstruktur mit einem ungewöhnlich hohen Anteil an Plastizität während der Individualentwicklung. Über 100 Milliarden Nervenzellen, jede einzelne mit bis zu 10 000 mehr oder weniger variablen Verbindungen zu anderen Gehirnzellen, lassen neben den einprogrammierten Verhaltens- und Funktionssteuerungen Freiraum für eine praktisch unendliche Vielfalt an persönlichen Wesensmerkmalen, Gedächtnisinhalten, Verstandesleistungen und geistig-seelischen Empfindungen.

Jedes menschliche Individuum ist, je jünger desto mehr, ein weit offenes und unerschöpfliches Gefäß mit einzigartigem Entwicklungspotential – »ungeheuer« in Segen und Fluch, vom schöpferischen Genie und aufopfernder Hilfsbereitschaft bis zu gezielter Manipulation, Folter, Massenhysterie und Massenmord.

Voraussetzung für diese außergewöhnliche Plastizität der menschlichen Hirnfunktionen war eine zunehmende Lockerung derjenigen aus dem Tierreich ererbten Verhaltensmuster, die nun anstelle fester Einprogrammierung bewußten Willensäußerungen zugänglich wurden. Soweit es diese Lockerung zuließ, wuchs allerdings auch die Konkurrenz zwischen genetischer Programmierung und »freiem«, wenn auch stark kulturell geprägtem Willen um die beherrschende Rolle bei den nunmehr von Programmierung und Wollen gemeinsam gesteuerten Aktivitäten. Nicht selten erzeugt daher das unbewußte Dominanzstreben unseres willensbetonten Verstandes ein schwer beherrschbares Konfliktpotential, oft mit harten Konsequenzen für die individuelle Entscheidungsfähigkeit und für das gesellschaftliche Zusammenleben.

Dieser Zwiespalt hat erhebliche Konsequenzen, für die eigene Seinsbestimmung ebenso wie für das Gruppenverhalten im Innern und nach außen. Solange ein genetisch festgelegtes Verhaltensmuster autonom und unhinterfragt abläuft, verleiht es entsprechende Sicherheit. Je größer jedoch der Einfluß des Bewußtseins und damit die Möglichkeiten des Hinterfragens und Zweifelns werden, desto größer wird neben der produktiven inneren Spannung auch die Unsicherheit in Entscheidungssituationen. Die allenthalben erkennbaren Folgen sind innere Zerrissenheit und Ziellosigkeit sowie individuelle und kollektive Ängste und Aggressivität.

Verhaltensprogrammierung und »freier Wille« geraten immer mehr in ein zwiespältiges Wechselspiel von Partnern und Antagonisten.

Programmierung und Bewußtsein: Partner und Antagonisten

Die meisten unserer einprogrammierten, nicht bewußt gesteuerten Verhaltensweisen nehmen wir kaum als solche wahr: das Wegducken vor einem vorbeifliegenden Objekt, das spontane Greifen nach einem fallenden Gegenstand oder das Wegzucken von einer heißen Herdplatte. Ein bewußtes Auslösen derart spontaner Reaktionen mit vergleichbarer Geschwindigkeit würde unsere verstandesgeleiteten Fähigkeiten weit übersteigen. Neurophysiologische Messungen haben ergeben, daß die gesamte Reaktionskette des Hitzereflexes bereits nach 50 Millisekunden (dem 20. Teil einer Sekunde) abgeschlossen ist – von der Übermittlung des Nervenreizes zum Gehirn, der komplexen Entscheidungsfindung zwischen allen daran beteiligten Gehirnzellen und -arealen sowie der Aussendung von gegenläufigen Nervenreizen bis zur koordinierten Bewegung sämtlicher für das Weckzucken benötigten Muskeln. Bis dasselbe Gehirn diesen unbewußt ablaufenden Reflex bewußt wahrnimmt, vergeht das Zehnfache an Zeit: 500 Millisekunden (eine halbe Sekunde).

Auch wesentlich komplexere Verhaltensmuster wie die mütterliche Fürsorge gegenüber dem Säugling, die Reaktion auf bestimmte körperliche Merkmale potentieller Geschlechtspartner oder die Verteidigungsbereitschaft gegenüber einem plötzlichen Angreifer sind im Normalfall fest in den Genen verankert.

Doch manches Verhalten, das beim Tier als einprogrammiertes Muster abläuft, erleben wir durch die stets wache und aktionsbereite Konkurrenz zwischen Bewußtsein und Programmierung als schwer lösbaren inneren oder äußeren Entscheidungskonflikt. Ein eindrucksvolles Beispiel ist die Positionsbestimmung innerhalb einer vorgegebenen Sozialstruktur. Bei allen sozial organisierten Tierarten ist die Position eines Individuums entweder von Geburt an festgelegt oder sie muß gegen Konkurrenten erobert und abgesichert werden. Einige Insekten- und viele höhere Tierarten bilden hierarchisch gegliederte Gemeinschaften oder Staaten, deren Struktur nach festen Regeln gebildet, im Innern durchgesetzt und nach außen verteidigt wird.

Bei Ameisen- und Bienenvölkern werden Funktion und sozialer Status bereits im Eistadium durch die Art der Brutpflege und Ernährung festgelegt (mit der Möglichkeit späterer Umprogrammierung im Bedarfsfall). Bei Wirbeltieren geschieht dies vielfach erst durch das Individuum selbst in der Auseinandersetzung mit seiner Umgebung. Der Hackordnung auf dem Hühnerhof entspricht eine ähnliche, nicht selten hart umkämpfte Rangordnung in hierarchisch gegliederten Säugetiergruppen.

Vor allem in der Brunft kämpfen männliche Rivalen oft mit äußerster Härte um die vom Geschlechtstrieb eingeforderte Weitergabe ihrer Gene – Spencers (oft fälschlich Darwin zugeschriebenes) »Survival of the Fittest«, das in der langen Kette evolutionärer Entwicklungen die bemerkenswerte Anpassungsfähigkeit, Vitalität, Dynamik und Vielfalt unserer Biosphäre hervorgebracht hat.

Auch darin unterscheiden wir uns nicht grundsätzlich von unseren tierischen Verwandten. Jede Form menschlicher Gruppenbildung, ob Sippen- oder Interessenverband, Monarchie, Aristokratie, Demokratie, Diktatur oder Fremdherrschaft, erfordert oder erzwingt die hierarchische Einordnung aller Mitglieder. Die dafür geltenden Kriterien sind je nach Umständen durch Tradition, Verfassung, Verordnung oder Zwang festgelegt. Sie können sehr unterschiedlich sein, werden aber nicht nur verbindlich vorgeschrieben und notfalls gewaltsam durchgesetzt, sondern von der Mehrzahl der Betroffenen auch willig befolgt und selbst bei hartem Zwang oft kritiklos akzeptiert oder sogar blind verteidigt.

Entscheidendes Motiv ist der instinktive Drang nach

Gruppenzugehörigkeit, um so die physischen und psychischen Vorteile des Eingebundenseins sicherzustellen und zugleich die vielfältigen, zum Teil lebensbedrohlichen Nachteile zu vermeiden, die mit dem ungeschützten Status eines Außenseiters verbunden sind. Doch je mehr daran neben dem Instinkt auch bewußte Entscheidungen beteiligt sind, desto größer wird der innere Konflikt, der die eigene Position immer wieder in Frage stellt.

An der Spitze der Hierarchie sozialer Gruppen stehen im Tierreich nicht notwendigerweise die körperlich Kräftigsten, sondern besonders geeignete »Alphatiere« mit allgemein anerkannter Führungskompetenz für die jeweilige Situation. Dazu gehört zwar auch körperliche Fitneß. Nicht weniger wichtige Kriterien sind jedoch Erfahrung, Mut, Umsicht, Vorsicht, Rücksicht, Fürsorge, Vertrauenswürdigkeit und Entschlossenheit – all die Kompetenzen, die auch wir uns von Führungskräften in unseren menschlichen Gesellschaften wünschen.

Soweit es überhaupt möglich und zulässig ist, aus der jüngeren Geschichte auf die Herrschaftsstrukturen vordynastischer menschlicher Gruppierungen zu schließen, müssen diese Kriterien, einschließlich herausragender Körperkraft, auch für sie gegolten haben. Übermenschliche Fähigkeiten und Körperkräfte von Halbgöttern und Heroen wie Gilgamesch, Herakles, Theseus oder Parzival sind episch ausgestaltete und mythisch überhöhte Zeugnisse dafür.

Noch die altägyptischen Gottkönige waren zwar als Söhne des Sonnengottes Amun-Re von Geburt an zur postumen Aufnahme in die Götterwelt vorausbestimmt, mußten aber dennoch zu festgelegten Zeiten ihre körperlichen Fähigkeiten im symbolischen, religiös-zeremoniellen Rahmen des Sed-Festes öffentlich unter Beweis stellen. Auch die von Homer geschilderten Kämpfe der griechischen und trojanischen Heerführer vor den Augen ihrer Gefolgsleute dürften einen ähnlichen rituellen Hintergrund gehabt haben. Körperkraft und Kampfesmut waren die äußeren Zeichen – die Ver-körperung – ihrer außergewöhnlichen Fähigkeiten. Kaum irgendwo sonst in der schriftlichen Überlieferung werden die vielen herausragenden Eigenschaften mythisch verklärter Anführer (zugleich Könige, weise Ratgeber, unbezwingbare Helden, tapfere Feldherren und beschützte Götterlieblinge) so schillernd dargestellt wie in Homers »Ilias« und »Odyssee«.

Auch Caesar und die ihm nachfolgenden römischen Kaiser führten ihre göttliche Legitimation auf die Abstammung von Äneas und über dessen Mutter Aphrodite vom Göttervater Zeus zurück. Und selbst der letzte deutsche Kaiser war noch »Herrscher von Gottes Gnaden«. Die Maskerade seines äußeren Auftretens bis hin zur Pickelhaube als eindruckheischender Nachahmung eines antiken Schutz- und Prunkhelms hatte ebenso verblüffende Ähnlichkeit mit den Heldendarstellungen früherer Kulturen wie mit den Imponier- und Drohgebärden von Alphatieren.

Alle weiteren Rangabstufungen, vom hochdekorierten Generalfeldmarschall bis zum Rekruten, Straßenbahnschaffner oder Schrankenwärter, waren an Uniformen oder anderen äußeren Merkmalen eines hierarchisch gegliederten Obrigkeitsstaates für jedermann erkennbar und erlebbar. Das Ergebnis konnten ebenso gut »geordnete Verhältnisse« wie kollektive Kriegshysterie sein. Bereitwillige Ein- und Unterordnung sowie Gehorsam und Gefolgschaft bis zum besinnungslosen Hurra- und Opferpatriotismus als Folge eines gespaltenen oder gänzlich ausgeblendeten Bewußtseins (S. 156) führten immer wieder in barbarische Schlachten, sogar zwischen benachbarten »Kulturvölkern«.

Bis in welche Extreme das Zusammentreffen von Gruppeninstinkt, Manipulierbarkeit und Herrscherverehrung mit Ver-Führung, Imponiergehabe, Indoktrination und Skrupellosigkeit ausarten kann, haben noch im 20. Jahrhundert geltungssüchtige Monarchen und menschenverachtende Diktatoren in zwei kurz aufeinanderfolgenden Weltkriegen und einer bis heute nicht endenden Kette von ähnlichen Barbareien innerhalb und außerhalb Europas gezeigt. Daß Totalitarismus in jeglicher Form Gleichschaltung bedeutet und weder den Gleichgeschalteten noch den Gleichschaltenden die versprochene und allseits erhoffte »bessere Welt« bringt, offenbart sich meistens erst nach dem unausweichlichen Zusammenbruch. Denn auf beiden Seiten eskalieren notwendigerweise die Zwänge, in die sich Verführer ebenso wie Verführte durch Selbstaufgabe ihrer Handlungsfreiheit begeben haben.

Verführer als Führer einer auf Gemeinwohl ausgerichteten Institution sind prinzipiell zum Scheitern verurteilt und müssen diesen Mangel durch immer drastischere Propagandaparolen und stetig gesteigerten Führerkult kaschieren. Auf der Gegenseite, der Seite der Verführten, ist Verführbarkeit der reiche Nährboden für zunächst freiwillige und dann zunehmend erzwungene Aufgabe von Selbstbestimmung.

Dies ist das Dilemma unserer evolutionären Sonderstellung: Eine Lockerung der Verhaltensprogrammierung war die Voraussetzung für bewußte, verstandesgeleitete Entscheidungsfreiheit. Doch wenn der Verstand entweder mißbraucht oder nicht genutzt wird, werden aus hilfsbereiten Partnern im sozialen Zusammenleben leichtfertige oder kriminelle Spieler. Um diese Gefahr möglichst weitgehend auszuschalten, hatten schon Platon und andere vor ihm Idealstaaten entworfen, die sich allerdings als praktisch nicht realisierbar erwiesen. Erst in der Folge der Aufklärung und der rechtlichen Gleichstellung aller Bürger entstanden gegen Ende des 18. Jahrhunderts die ersten Demokratien heutigen Zuschnitts. Doch auch sie haben das Problem von Verführbarkeit und Verführung nicht lösen können. Aufgeklärtes Denken ohne aufgeklärtes Handeln ist vergebene Freiheit.

Jede hierarchisch gegliederte Gruppenstruktur folgt einem sich selbst verstärkenden Rückkopplungsprinzip. Je klarer und umfassender die Struktur und je eindeutiger die Zuordnung jedes einzelnen sind, desto stabiler sind die Bindungen innerhalb und zwischen den verschiedenen Ebenen. Selbstbewußtsein und empfundene Sicherheit gründen in dem Gefühl emotionaler und funktionaler Zugehörigkeit sowie entsprechender Beschütztheit in der Gemeinschaft. Gegenleistung ist der gemeinschaftliche Einsatz für den Erhalt der schützenden Struktur sowie für darüber hinausgehende, von der Führung vorgegebene Ziele. Diese Ziele, ob als Tradition übernommen oder neu konzipiert, werden dann von der Mehrheit der Gruppenmitglieder als erwünschtes oder vermeintliches Gemeinschaftsinteresse meistens unhinterfragt akzeptiert und auch verteidigt.

Im Rückblick auf die überwundenen faschistischen und kommunistischen Diktaturen tun wir uns leicht damit, dieses »Schwimmen mit dem Strom« – vom gedankenlosen oder unbedarften Mitlaufen bis zur Mitwirkung im harten, verschworenen Kern – kompromißlos zu verurteilen (»Wer mit dem Strom schwimmt, schwimmt bergab«). Doch außer einer mehrheitlich erhöhten Wachsamkeit gegenüber politischen Extremen sind nennenswerte Auswirkungen auf das Mitschwimmen mit der großen Masse auch heute kaum auszumachen. Wir beklagen vehement die soziale Kälte unserer Konkurrenz-, Konsum- und Vergnügungswelt, blenden dabei aber gleichzeitig das eigennützige, besitzheischende und oft bedingungslose Mitlaufen in gedankenloser Selbsttäuschung aus.

Das Gros der ehemaligen Mitläufer und Sympathisanten von Diktaturen hat deren Auswüchse und Verbrechen entweder angeblich oder tatsächlich »nicht gewollt« und sich »anständig verhalten«. Erst im Rückblick offenbaren sich die Gefahren und die unausweichliche Mitschuld gruppendynamischer Mitläufer. Doch offensichtlich ist die Automatik dieses Gruppenverhaltens allzu fest gegen Verstand und Bewußtsein abgesichert, als daß der Durchschnittsbürger Konsequenzen daraus zöge.

Um so bemerkenswerter sind die leuchtenden Beispiele innerer Unabhängigkeit, altruistischer Einsatzbereitschaft und unbeugsamer Standfestigkeit wie Mahatma Gandhi, Martin Luther King, Mutter Theresa, Nelson Mandela, Aung San Suu Kyi und die ungezählten anderen, die, meist im kleineren Kreis fernab vom öffentlichen Rampenlicht, dem verführerischen Sog des Mitlaufens unerschrocken und wirkungsvoll widerstanden. Doch die Mehrheit bilden sie nicht. Die schwimmt mit dem anonymen Strom der Masse.

Es dürfte nicht schwerfallen, die von der überwiegenden Mehrheit getragene und praktizierte Konkurrenz um materielle »Werte«, virtuelles Anlagekapital, persönliches Prestige und postkoloniale Ausbeutung als Ursache für die heute so heftig beklagte soziale Kälte auszumachen. Doch je größer und gleichgesinnter die Gruppe ist, desto breiter ist der verhüllende Mantel der Anonymität, unter dem Verführbarkeit und Verführung ihr leichtes Spiel haben – auch oder gerade bei denen, die am lautesten klagen.

Normen, Schrift und Gesetze

Anonymität wächst mit der Gruppengröße. In einem Sozialverband überschaubarer Größe sind wir durch unsere evolutionäre Abstammung auf gruppendynamische Einordnung programmiert. Dagegen trifft uns die Anonymität in einer Millionen- oder gar Milliardenbevölkerung unter persönlich weit entrückter politischer Führung entwicklungsgeschichtlich unvorbereitet. Um diese veränderte Art des Zusammenlebens jenseits der vertrauten Grenzen von Familien- oder Sippenverbänden verläßlich zu regeln, bedurfte es einer neuen Form zwischenmenschlicher Beziehungen: einer überindividuell verbindlichen Gesetzgebung. Die besterhaltenen frühen Zeugnisse dafür haben uns die Herrscher der babylonischen und ägyptischen Großreiche im 3. und 2. Jahrtausend v. Chr. hinterlassen. Sie ließen in den wichtigsten Städten ihres Herrschaftsbereichs die von ihnen erlassenen Gesetze auf Stelen oder in Wände meißeln (in Ägypten als politisch motivierte heilige Texte in Tempeln) und setzten Staatsbeamte bzw. Priester zur landesweiten Durchsetzung und Überwachung ein.

Eines der bekanntesten Beispiele ist der Codex Hammurapi, eine Sammlung der wichtigsten Gesetzestexte auf übermannshohen Keilschrift-Stelen aus der Zeit um 1700 v. Chr. Diese vom babylonischen König Hammurapi kodifizierte Legislative beginnt neben all der sonstigen zeitgemäßen Selbstverherrlichung mit dem imperialen Herrscherwort »Ich, Hammurapi, habe Recht und Gerechtigkeit in mein Land gebracht«, zählt dann in Kurzform die damals üblichen Regeln auf (»Wenn ein Bürger das Auge eines Bürgers zerstört, dann soll man sein Auge zerstören«) und endet mit der Zusicherung an sein Volk »Damit der Starke nicht den Schwachen bedränge, damit Witwen und Waisen ihr Recht bekämen, habe ich meine kostbaren Worte auf einen Stein geschrieben.« Sicher bezweckte er damit außer der Abschreckung potentieller Übeltäter und der Untermauerung seiner Herrschaft auch die Eindämmung autoritätsgefährdender Willkür bei seinen lokalen Stellvertretern und Vasallenfürsten.

Über die Ursprünge konkret formulierter und öffentlich zugänglicher Gesetze lassen sich nur Vermutungen anstellen. Zunächst dürften sich althergebrachte Verhaltensnormen, Riten und Tabus ähnlich denen der heutigen »Naturvölker« zunehmend verfestigt und über mündlich tradierte, von Stammesfürsten oder Ältestenräten fallweise ausgelegte »ungeschriebene Gesetze« zu kodifizierten Texten weiterentwickelt haben. Eine konkrete und allgemein zugängliche Abfassung in Paragraphen wurde naturgemäß erst mit der Erfindung der Schrift möglich.

Unmittelbarer Anlaß für diese weitreichende Erfindung (mehr als tausend Jahre vor Hammurapi) war jedoch zunächst nicht die Gesetzgebung, sondern die sich stetig ausweitende Komplexität der Buchführung über Handel, Steuer- und Tributzahlungen in der vorderasiatischen Staats- und Tempeladministration – zumindest in Ägypten auch der Tempelkult –, die mit der inneren und äußeren Machtausdehnung der Groß- und Gottkönige einhergingen.

Obwohl die Schrift damit einem höchst profanen Bedürfnis entsprang, markiert sie doch über Verwaltung und Gesetzgebung hinaus den Beginn einer entscheidenden, ohne sie nicht denkbaren nächsten Stufe der kulturellen Evolution: der dauerhaften Fixierung, Tradierung und Verbreitung von profaner und religiöser Überlieferung und der Begründung neuartiger Kommunikationsformen mit namentlicher Autorenschaft in Literatur, Wissenschaft, Philosophie und Poesie.

Auch die weitere Entwicklung der Gesetzgebung blieb von nun an eng mit der Entwicklung der Schrift verbunden. Vor allem der allmähliche Übergang von der ikonographischen Darstellung konkreter Gegenstände und inhaltlicher Zusammenhänge zur abstrakten Wiedergabe einzelner Konsonanten und Vokale der gesprochenen Sprache ermöglichte schließlich eine so detaillierte und umfassende Gesetzgebung, wie sie über die griechisch-römische Tradition im wesentlichen bis heute Gültigkeit hat.

Was jedoch anfangs nur einer kleinen Zahl von Schriftkundigen zugänglich war, wurde im Verlauf weniger Jahrtausende zu einem tragenden Element und Allgemeingut der Kulturentwicklung. Und was das Zusammenleben in kleinen Gruppen über den längsten Zeitraum der Menschheitsgeschichte durch Vorleben und mündlich tradierte Normen geregelt hatte, wurde nun mit der rasanten Zunahme der Gruppengröße zu einem differenzierten und kaum überschaubaren Paragraphenwerk. Damit wurde einerseits das Zusammenleben in den rapide wachsenden, anonymen Großgesellschaften möglich. Andererseits wurde die Anonymität aber auch stetig weiter befördert – mit der unausweichlichen Folge, daß unpersönliche Reglementierungen immer mehr an die Stelle persönlicher Verantwortung traten.

Doch selbst das detaillierteste und umfangreichste Paragraphenwerk kann nicht frei sein von unterschiedlichen Interpretations- und Auslegungsmöglichkeiten. Daß dies auch bei noch so präziser Formulierung unvermeidlich ist, liegt in der Natur der zwischenmenschlichen Kommunikation. Sie geschieht, ob mündlich oder schriftlich, durch die Verwendung von gedanklichen Konstrukten und Begriffen, die ohne ein Mindestmaß an Interpretationsoffenheit eine Verständigung zwischen wechselnden Personen und in unterschiedlichen Wortkombinationen unmöglich machen würden.

Aber sind wir uns dessen auch immer bewußt, besonders dann, wenn es – oft unvermeidlich – zu Mißverständnissen oder Differenzen führt?

Denken und Sprache in Symbolen

Wir denken, sprechen und schreiben in Symbolen. Ausgangspunkt waren vermutlich Urlaute bzw. Urbegriffe und Urbilder mit sehr allgemeiner, undifferenzierter Grundbedeutung, die sich erst allmählich in die Vielfalt und Komplexität der klassischen und modernen Sprachen und Bildsymbole ausdifferenzierten.

Symbole sind Bedeutungsträger oder Sinn-Bilder, sowohl für konkrete Gegenstände wie für abstrakt Gedachtes. Ohne die Verwendung von Symbolen könnten wir weder klar und zusammenhängend denken noch uns untereinander verständigen. Wenn wir über einen Baum, einen Fluß oder einen Berg sprechen oder nachdenken, wissen wir auch in seiner Abwesenheit und trotz der Vielfalt seiner Erscheinungsformen, was wir damit meinen. Ebenso wissen wir, was mit rein abstrakten Begriffen wie Angst, Liebe oder Leben gemeint ist, obwohl es sich dabei um unsichtbare Empfindungen, Wahrnehmungen oder Denkkonstrukte handelt.

Äußerst wirkungsvolle, in dieser Funktion oft unterschätzte Ergänzungen oder Alternativen zu Sprache und Schrift sind »Körpersprache« (Mimik, Gestik), »Bildersprache« bzw. Bild-Symbolik und die »Sprache der Musik« als bedeutungs- und ausdrucksmächtige Metaphern für abstrakte Empfindungen, Vorstellungen und Objekte.

Sprachwissenschaftler schätzen, daß gegenwärtig mehr als 6000 verschiedene Sprachen weltweit gesprochen werden.

Viele davon werden nur noch von wenigen älteren Personen beherrscht und mit ihrem Tod aussterben. Dieses Schicksal dürfte auch viele frühere Sprachen betroffen haben, die mitsamt ihren Trägern untergingen oder von Eroberern assimiliert wurden. Doch die Sterberate bedrohter Sprachen nimmt rapide zu, und jeder Einzelfall ist ein verlorener Stein aus dem Mosaik unserer kulturellen Vielfalt.

Aber auch das Gegenteil, das Weiterleben »toter«, in ihrer Entwicklung eingefrorener Sprachen ist keine Ausnahme. Bekanntestes Beispiel ist das klassische Latein, das sich nach dem Ende des römischen Kaiserreichs nicht nur zu zahlreichen neuen »Weltsprachen« fortentwickelte (Spanisch, Portugiesisch, Französisch, in Teilen auch Englisch), sondern daneben praktisch unverändert als Lingua franca in Bildung, Wissenschaft und Religion nun schon mehr als ein Jahrtausend überdauert hat.

Beide Extreme – Aussterben und Verzweigung in Unterfamilien – sind ebenso normale Vorgänge in der sprachlichen und sonstigen kulturellen wie in der biologischen Evolution. Für die Sprachevolution wurde ein ähnlich komplexer, hypothetischer Stammbaum aufgestellt wie für die biologische Evolution der Arten, allerdings mit einer millionenfach kürzeren Zeitskala, die lediglich in Jahrtausenden statt in Jahrmilliarden mißt.

Die drei Strukturelemente der Sprache (Wortschatz, Laut- und Satzstruktur) sind wie alle immateriellen Symbole und Symbolträger der kulturellen Evolution sehr viel wandlungsfähiger und kurzlebiger als die genetischen Strukturelemente der biologischen Evolution. Dementsprechend entfaltet und wandelt sich unser vergleichsweise spät entwickeltes kulturelles Erbe mit ungleich höherer Geschwindigkeit als das biologische. Schon das Mittelhochdeutsch des Hochmittelalters, wie die Minnelyrik Walthers von der Vogelweide (ca. 1170–

1230), wird heute nur noch von Fachleuten verstanden, während wir uns biologisch kaum vom Steinzeitmenschen unterscheiden. Selbst Goethes Rechtschreibung, viel mehr noch diejenige Luthers, des Wegbereiters unserer gegenwärtigen deutschen Hochsprache, muten uns im Original bereits nach wenigen Jahrhunderten höchst befremdlich an.

Analoges gilt für alle lebenden Sprachen und verursacht selbst innerhalb desselben Sprachraums nicht selten Nicht- oder Mißverstehen zwischen verschiedenen Regionen und Alters- oder Dialektgruppen. Dieselben Worte können zur selben Zeit unterschiedliche Wertung oder gar Bedeutung haben. Und wieviel größer und oft folgenreicher ist die Gefahr von Mißverständnis und Fehldeutung bei »Übersetzungen« in andere Sprachen! Aufgrund der fast immer mehr oder weniger unterschiedlichen Bedeutungsspektren analoger Wörter und Begriffe können es nie wörtliche, sondern immer nur möglichst inhaltsnahe Übertragungen sein. Oft genug fehlt uns dafür das notwendige Bewußtsein und Verständnis.

Das genaue Gegenteil gilt für die wissenschaftlichen und technischen Fachsprachen, die auf eindeutige, international einheitliche und verständliche Begriffsdefinitionen angewiesen sind. Trotz der sonstigen Dominanz des Englischen als Lingua franca werden Fachausdrücke bis heute bevorzugt aus den beiden »toten« Sprachen Griechisch und Latein gebildet. Deren Vokabular unterliegt keinem kulturhistorischen Bedeutungswandel mehr, so daß die Basis der daraus künstlich gebildeten Termini technici konstant bleibt: Atom, Galaxie, Protein, Homo sapiens. Selbst für so geläufige umgangssprachliche Begriffe wie Kochsalz (Natriumchlorid) oder Kalk (Kalziumkarbonat) ist die internationale Fachsprache eindeutig: $NaCl$ bzw. $CaCO_3$.

Für die Fachbezeichnungen der chemischen Elemente (wie Na für Natrium), der physikalischen Einheiten (z. B. Ω für Ohm) und der mathematischen Zeichen (Σ für Summe oder $\int$ für Integral) hat sich der Begriff des chemischen, physikalischen oder mathematischen Symbols eingebürgert. Damit umfaßt ausgerechnet das Symbol, die Grundeinheit allen Denkens und Kommunizierens, eine ungewöhnlich weite Spanne von fest fixierten bis hin zu weit offenen Interpretationsmöglichkeiten. Während die Fachausdrücke für größtmögliche Konkretisierung und Eindeutigkeit stehen, wird in der Umgangssprache das Interpretationsspektrum mit zunehmender Abstraktion immer breiter. Im Extremfall reicht es bis zu einer rein subjektiv, nur noch aufgrund individueller Prägung und Bewußtseinsinhalte interpretierbaren transzendenten Symbolik, etwa dem Yin und Yang der chinesischen Naturphilosophie, einem komplexen und vieldeutigen Mandala oder dem Kreuz des Christentums.

Mit Ausnahme der wissenschaftlichen und technischen Fachausdrücke und Abkürzungen ist für jedes Symbol ein gewisses Bedeutungsspektrum in Denken und Sprache unerläßlich. Die unerschöpfliche Vielfalt von Kommunikations- und Ausdrucksmöglichkeiten mit einem vergleichsweise geringen Wortschatz wäre ohne inhaltliche Variationsbreite der dazu benutzten Worte nicht denkbar. Ein Baum kann eine Eiche oder Buche sein, eine Buche eine Rot- oder Blutbuche, eine Blutbuche eine junge oder alte, eine bestimmte oder eine beliebige.

Allerdings besteht ein erheblicher Unterschied zwischen der grundsätzlichen *Möglichkeit* und der tatsächlichen *Fähigkeit* zur Kommunikation. Begrenzte Fähigkeit zur Kommunikation betrifft naturgemäß vor allem die beiden

Extreme: die Benutzer von Fachsprachen bzw. von transzendenter Symbolik. Beide sind auf die Kommunikation unter Eingeweihten beschränkt und werden von Außenstehenden vielfach als esoterische Zirkel und damit als unberechenbar und potentiell gefährlich wahrgenommen.

Die potentielle Gefahr wird meistens mit den extremen Erscheinungsformen der unverstandenen Symbole assoziiert. Fachsprache wird mit zu spät erkannten und nicht mehr korrigierbaren wissenschaftlich-technischen Entwicklungen, Allmachtsphantasien und Umweltzerstörung gleichgesetzt, transzendente Symbolik mit universellem Wahrheitsanspruch, ausgrenzendem religiösem oder scheinreligiösem Fanatismus und dessen extremen Auswüchsen.

Ein scheinbar harmloses Gegenstück ist das Statussymbol. Von Spezialfällen abgesehen, kann es seine Funktion nur dann erfüllen, wenn es allgemein verständlich und jedem potentiellen Nutzer prinzipiell zugänglich ist. Es muß einen bestimmten gesellschaftlichen Status symbolisieren, zugkräftig sein und sich zum Vorzeigen und Beeindrucken eignen. Je nach Alter, Zeit- und Lebensumständen kann dies ein teures, modisches oder ausgefallenes Kleidungs- oder Schmuckstück, Fahrrad oder Auto, eine Segelyacht, der gut sichtbar hingelegte Schlüssel eines Luxusautos oder das beiläufige Erwähnen der letzten Kreuzfahrt sein. In jedem Fall dient es dem Angeben (im doppelten Wortsinn; bei Leihobjekten dem Vorgeben) eines bestimmten sozialen Status und dem Bedürfnis nach entsprechender Wertung.

Doch mit dem erstrebten Ziel hat das Statussymbol wenig zu tun. Den tatsächlichen sozialen Status – die Reputation innerhalb der Gemeinschaft – kann es nicht ersetzen. Reputation wird nur sehr bedingt am äußeren Erscheinungsbild gemessen. Entscheidend ist das Sozialverhalten in der Gruppe. Der wahre Maßstab ist das Verhältnis von Altruismus zu Egoismus im sozialen Zusammenleben. Das kann selbst das vermeintlich attraktivste Statussymbol bestenfalls vorübergehend überblenden.

Am Statussymbol ist vor allem zweierlei bemerkenswert. Einerseits ist es in Bezug auf Stabilität und Eindeutigkeit tatsächlich das Gegenteil von fachwissenschaftlicher oder transzendenter Symbolik. Es unterliegt dem stetigen zeitbedingten Wandel von charakteristischen Statusanzeigern und muß deshalb laufend sein Erscheinungsbild ändern (vom Fahrrad zum Mountainbike, vom Tennis- zum Golfschläger). Es ist rasch vergänglich und somit ein extrem offenes und kurzlebiges Symbol.

Andererseits erzeugt gerade dieser ständige Wandlungsdruck die Sogwirkung, die das Schwimmen mit dem Strom der großen Masse ausübt. Durch den ständigen Wechsel ihrer äußeren Gestalt verführen Statussymbole dazu, auch das eigene Erscheinungsbild immer wieder neu der Dynamik des Gruppengefüges anzupassen. Damit sind Statussymbole die perfekten Konsumdrogen, die nach laufender Erhöhung der Dosis verlangen und gleichzeitig Selbstbestimmung und Eigenständigkeit unterdrücken. Drogen vernebeln das Bewußtsein.

Ausgerechnet junge Menschen auf dem Weg zu einem ihnen gemäßen und dann auch anerkannten Gruppenstatus sowie zu Selbstfindung und innerer Unabhängigkeit sind diesem oft lange anhaltenden Sog am stärksten ausgesetzt. Der Circulus vitiosus beginnt früh und wirkungsvoll: Verführbarkeit und Verführung befördern einander wechselseitig. Um so schwerer fällt es dem einzelnen, diesen Teufelskreis zu durchbrechen und damit die vom Instinkt geforderte Gruppenanpassung in Frage zu stellen. Dazu fehlt in unserer anonymen, »zivilisierten« Massengesellschaft das früher universell gültige Hilfsmittel der Initiation. Bei »Naturvölkern« markiert es mit seiner tief beeindruckenden und lebenslang nachwirkenden Symbolik der »Übergangsriten« noch heute den Eintritt in das eigen- und gemeinwohlverantwortliche Stadium des Erwachsen-seins, also des Kindheit und Jugend Entwachsen-seins.

Wirkliches Erwachsensein sucht nicht den äußeren Schein. Was nun zählt, ist die tatsächlich und bewußt gelebte, in gemeinschaftsdienlichem Handeln erworbene und immer wieder neu bestätigte Reputation.

Aber nicht nur so indirekte, meistens nicht einmal als solche wahrgenommene soziale Interaktionen wie das Schwimmen mit dem Strom »der anderen« werden durch Symbole vermittelt. Jegliches Denken, Kommunizieren und Interagieren geschieht über die Verwendung von Symbolen. Sogar unser Selbstbild ist das Ergebnis der Spiegelung in einer symbolhaft erfahrenen Welt um uns herum.

Weltbild – Spiegelbild – Selbstbild

Am Anfang jedes Welt- und Selbstbildes steht das frühkindlich-unbewußte Erkunden und Wahrnehmen der Mitwelt, wie sie sich unter den jeweiligen Umständen darbietet. Aus der Vielfalt sichtbarer, hörbarer und fühlbarer Eindrücke formt unser prägungsoffenes, erfahrungsbedürftiges und lernbereites Gehirn die Grundlage eines eigenen Weltbildes – genauer: eine möglichst plausible und widerspruchsfreie Zusammenschau und Interpretation jenes kleinen Ausschnitts der Welt, den die individuellen Lebensumstände anbieten. Daran sind die psychischen

Empfindungen nicht weniger entscheidend beteiligt als die physischen Sinneswahrnehmungen.

Die sich so herausbildende, gleichermaßen emotional wie rational basierte Erfahrung und Vorstellung der Welt ist folglich keine objektive Realitätsbeschreibung. Es ist das subjektive Spiegelbild derjenigen Personen, Gegenstände und Ereignisse, die als Vor-Bilder den unmittelbar erlebten Teil der Welt abbilden.

Was dabei von der Vielfalt der Eindrücke langfristig »hängenbleibt« und somit das spätere, als objektiv empfundene, tatsächlich aber äußerst subjektive Weltbild prägt, hängt von der jeweils beigemessenen Bedeutung ab. Nur was von allem Erlebten und Empfundenen – weitgehend unbewußt – als besonders bedeutungsvoll wahrgenommen wird, hinterläßt einen bleibenden Eindruck. Dazu gehört in erster Linie die frühkindliche Wahrnehmung des sozialen Umfelds. Das anfangs noch gänzlich unbewußte Erfahren mütterlicher und sonstiger Zuwendung und Unterweisung (bzw. deren Mangel oder Gegenteil) sind der prägende Grundstock des Menschenbildes, das später einen wesentlichen Teil des Weltbildes ausmachen wird.

Diese Mischung aus emotionaler und rationaler Erfahrung der Mitwelt ist wiederum Ausgangspunkt für die Wahrnehmung des eigenen Ich. Das Selbstbild entsteht nicht autonom, durch unmittelbare innere Selbsterfahrung, sondern mittelbar durch Spiegelung und Reflexion der Mitwelt. Erst aus der Wahrnehmung der Welt außerhalb des eigenen Ich, insbesondere der Menschen des eigenen Umkreises, erwächst die Möglichkeit, sich als prinzipiell gleichgeartetes Gegenbild zu erfahren. Selbst nachdem sich das eigene Weltbild in Jahrzehnten geformt und gefestigt

hat, bestimmt die Spiegelung im anderen noch immer maß-
geblich das darauf abgestimmte Verhalten sowie die weitere, lebenslange Präzisierung dieses Weltbildes.

Wie sehr wir uns ständig im Gegenüber spiegeln, zeigt
sich höchst augenfällig am unbewußten Nachahmen von
reinen Äußerlichkeiten wie dessen wechselnder Mimik,
Sitz- oder Armhaltung, am ansteckenden Lachen oder
Gähnen und vielem anderen. Zuständig dafür sind die von
Rizzolatti und Mitarbeitern entdeckten Spiegelneuronen in
unserem Gehirn. Durch gegenseitige Spiegelung befähigen
sie uns einerseits zu persönlichem Mitgefühl und emotionaler Verbundenheit, sind andererseits aber auch mitverantwortlich für das unreflektierte Nachahmen und das
»Schwimmen mit dem Strom«.

Entscheidend für die folgenden Erörterungen sind vor allem drei Aspekte der Bewußtseinsentwicklung: die sehr
frühzeitige, weitgehend unbewußte Prägung durch die jeweiligen Lebensumstände, die daraus resultierende hoch-
gradige Individualität sowie die damit verbundene enge
Begrenztheit – folglich auch Täuschungs- und Störanfällig-
keit – jedes Welt- und Selbstbildes.

Täuschung und Selbsttäuschung

Daß wir uns oft und leicht in etwas oder jemandem täuschen, ist eine unausweichliche Folge dieser Begrenztheit.
Wir können aber nicht nur uns (unbewußt), sondern auch
andere (bewußt oder unbewußt) täuschen. Täuschen, Irre-
führen und Ablenken um eines bestimmten Vorteils willen
sind sogar feste Bestandteile des biologischen Erbes und als
Überlebensstrategie in der Natur weit verbreitet. Dafür hat
die Evolution ein breites, an die jeweiligen Lebensbedin-

gungen der einzelnen Arten angepaßtes Spektrum unterschiedlicher Möglichkeiten verwirklicht.

Besonders auffallend sind die vielfältigen Erscheinungsformen von Mimikry und Mimese: Täuschung bzw. Tarnung durch Nachahmung, imitierte Insektenmuster auf Blüten, um Pollenüberträger anzulocken (Fliegen- oder Hummelragwurz), Warnsignale, um die Giftigkeit oder Wehrhaftigkeit äußerlich ähnlicher Arten vorzutäuschen (vor allem Insekten), oder Farbmuster des umgebenden Lebensraums, um sich vor Feinden zu schützen (im gesamten Tierreich weit verbreitet). Auch das Täuschen von Artgenossen oder Feinden durch irreführendes Verhalten, zum Beispiel zum Schutz des Nachwuchses vor Räubern, ist eine im Tierreich zu bemerkenswerter Raffinesse entwickelte Strategie.

Die menschlichen Fähigkeiten auf diesem Gebiet sind in den unterschiedlichsten Formen – von verblüffenden Tricks bis zu skrupelloser Kriminalität – beständiger Teil unseres Alltagsgeschehens. Unsere lebenslang eingeübte, wenn auch höchst störungsanfällige Reaktion darauf ist ein entsprechendes Maß an Wachsamkeit und »gesunder« Skepsis.

Eine sehr viel subtilere Erscheinungsform verbirgt sich dagegen in der Tatsache, daß wir auch uns selbst – fast immer unbewußt – ständig täuschen und betrügen. Schon von Kindheit an verbergen wir tatsächliche oder gefühlte Schwächen hinter einer Maske des Vortäuschens und Ablenkens. Die Maskenbildner sind wir selbst, auch wenn uns dies nicht bewußt ist. Instinktiv geben wir uns ein Erscheinungsbild, das vermeintliche oder tatsächliche Schwächen durch besondere Betonung ihres Gegenteils zu korrigieren sucht.

Wer auf andere arrogant wirkt, ohne es selbst so zu

empfinden, versucht damit Unsicherheit oder mangelndes Selbstwertgefühl zu verbergen. Ein anderer verbirgt Ängstlichkeit oder Minderwertigkeitsgefühle hinter Aggressivität, Selbsterniedrigung oder Kritik an »allem und jedem«. Es gibt kaum eine Schwäche, die wir nicht durch ihr Gegenteil zu kaschieren versuchen.

Dieses Maskenspiel funktioniert jedoch nur so lange, wie es unbewußt geschieht. Um echt zu wirken, muß es nicht nur Täuschung anderer, sondern zugleich auch Selbsttäuschung sein.

Soweit sich jemand im reiferen Alter überhaupt ernsthaft um Selbsterkenntnis bemüht und dabei die eigene, früh entstandene Maske entdeckt (sich »entlarvt«), und soweit ihm dies dann auch bei anderen gelingt, bleibt es in jedem Fall unvollständig. Täuschung und Selbsttäuschung sind fest verankerte, unbewußt eingesetzte, je nach Umständen hilfreiche oder hinderliche Strategien der Lebensbewältigung. Folglich ist auch jedes Menschenbild nicht nur dadurch eingeschränkt, daß es Teil eines begrenzten Weltbildes ist. Täuschung und Selbsttäuschung setzen ihm zusätzlich enge Grenzen. Um so beglückender und bereichernder sind die seltenen, offen und maskenfrei empfundenen Begegnungen, bei denen beide Seiten diese Begrenztheit unausgesprochen als selbstverständlichen Wesensteil der Persönlichkeit verstehen und einander in uneingeschränkter Empathie und Toleranz und trotz aller Nähe immer auch als »den ganz anderen« annehmen können.

Nicht selten müssen wir allerdings feststellen, wie kurz der Weg vom unbewußten Täuschen zum bewußten Betrügen ist. Wir haben uns daran gewöhnt und notgedrungen damit abgefunden. Weniger leicht fällt es uns dagegen, zu erkennen und anzuerkennen, daß wir laufend – wiederum unbewußt – auch uns selbst nicht nur täuschen, sondern auch betrügen. Wenn wir uns z. B. nachträglich eine scheinbar plausible, tatsächlich aber unzutreffende Begründung für einen begangenen Fehler oder eine unbedachte Handlung einreden und uns damit vor uns selbst und vor anderen zu rechtfertigen suchen, geschieht dies meistens nicht in bewußter Absicht (obwohl auch das keine Seltenheit ist). Um so leichter verfestigt sich die einmal fabrizierte Begründung unversehens so sehr in unserem Bewußtsein, daß wir fortan fest an sie glauben und daran festhalten, häufig verbunden mit Schuldprojektion auf andere oder auf »die Umstände«.

Eine gravierende Folge ist die immer wieder unterschätzte Diskrepanz zwischen vermeintlicher und tatsächlicher Zuverlässigkeit unseres individuellen und kollektiven Bewußtseins (S. 96), nicht selten gepaart mit dem Beharren auf unbegründeten oder fragwürdigen Schlußfolgerungen.

Doch wie konnte Homo sapiens sich angesichts dieses ständigen Täuschens und Betrügens überhaupt so stark vermehren, so unaufhaltsam über die Erde ausbreiten und in jüngster Zeit sogar dichtgedrängt in Millionenstädten zusammenleben? Die Antwort liegt in der letzten der drei großen biologischen »Erfindungen« in der Frühgeschichte der Evolution: der Kooperation. Zu den beiden anderen wegbereitenden Entwicklungsschritten, dem *Kopieren* von Nukleinsäuren als den universellen Erbträgern und der *Reproduktion* ganzer Zellen als eigenständig lebensfähiger Einheiten, kommt als dritter großer Qualitätssprung die *Kooperation* hinzu: das Zusammenwirken und die Aufgabenteilung unterschiedlich spezialisierter Moleküle, Zellen, höher organisierter Zellverbände oder eigenständiger Organismen.

Alle höheren vielzelligen Organismen – Pflanzen ebenso wie Tiere und Menschen – bestehen aus hochgradig spezialisierten, einander funktional ergänzenden Zellen, Organen und Strukturelementen. Bei vielen Tieren und beim Menschen reicht dieses Zusammenspiel mit verteilten Rollen über den daraus gebildeten, ohnehin schon hochkomplexen Gesamtorganismus sogar noch weit hinaus: von der vorübergehenden Aufgabenteilung von Elternpaaren bei der Aufzucht ihres Nachwuchses (wie bei vielen Vogelarten) über die längerfristige Einordnung in hierarchisch organisierte Gruppen (Wolfsrudel, Affenhorden) oder lebenslange Zugehörigkeit zu einem genetisch einheitlichen »Volk« oder »Staat« (Bienen, Ameisen, Termiten) bis zu den genetisch stark vermischten, dynamisch fluktuierenden und vielfältig differenzierten Sozialgefügen menschlicher Gemeinschaften.

Je nach Entwicklungsstand reichen die Mechanismen der Kooperation vom Austausch einfacher oder komplexer chemischer Signale und der Kommunikation durch verschiedenartige Formen der Gestik, Mimik und Lautbildung bis zur menschlichen Sprache.

Zwar suchen und nutzen die Mitglieder dieser Gemeinschaften die Vorteile des Kooperierens. Aber damit sind die scheinbar oder tatsächlich entgegengerichteten Verhaltensmuster des Konkurrierens, Täuschens, Betrügens, Ausbeutens, Ausgrenzens und Bekämpfens keineswegs außer Kraft gesetzt, höchstens abgemildert. Die Härte, mit der diese Gegensätze von Mit- und Gegeneinander die gesamte Menschheitsgeschichte durchziehen, ist nur allzu bekannt.

Daß dennoch seit einigen Jahrtausenden das Zusammenleben selbst größerer nicht verwandter menschlicher Gruppen in staatlich organisierter Form möglich wurde, war ein weiterer wesentlicher Schritt der kulturellen Evolution. Im Gegensatz zu den starren, nur in Grenzen und im Bedarfsfall umprogrammierbaren Verhaltensmustern von »Arbeitern«, »Soldaten« und anderen Spezialisten in Insektenstaaten basieren die Organisationsstrukturen menschlicher Gruppen und Gemeinschaften auf kulturell erworbenen, trotz starker Traditionsbindung dynamisch sich fortentwickelnden Riten, Normen, Gedankenwelten und Ausdrucksformen.

Ritus, Kult, Religion und Kunst

Offenbar schon früh in der Menschheitsgeschichte dienten neben sippeninternen auch sippenübergreifende rituelle und kultische Handlungen der Überwindung von Anonymität und Isolierung in komplexen Gruppenstrukturen. In vielfältigen, oft sehr unterschiedlichen Ausgestaltungen ermöglichten Ritus und Kult nahezu beliebige Erweiterungen der Zugehörigkeitskreise weit über die persönliche Bekanntschaft innerhalb der ursprünglichen Kleingruppen hinaus.

Herausragende, wenn auch in der konkreten rituellen Nutzung noch weitgehend unverstandene Beispiele für prähistorische Kultstätten sind die zahllosen künstlerisch ausgestalteten Steinzeithöhlen, die für ein standesgemäßes Nachleben aufwendig hergerichteten Grabstätten und die mutmaßlich für kultische Himmelsbeobachtungen und Jahreszeitfeste errichteten Megalithanlagen sowie die erst kürzlich entdeckten Kultanlagen von Göbekli Tepe im Südosten Anatoliens mit ihren überwältigenden künstlerischen und handwerklichen Meisterleistungen.

Göbekli Tepe ist nicht nur wegen seines bisher unerreicht hohen Alters von fast 12 000 Jahren der wohl bemerkenswerteste kulturgeschichtliche Fund seiner Art. Vor allem die mehrere Meter hohen, in ihrer Symbolwirkung tief beeindruckenden Steinskulpturen bezeugen durch ihre zeitlos kraftvolle künstlerische Aussage und hohe handwerkliche Qualität einen Stand der Kulturentwicklung, der unter Berücksichtigung der damaligen technischen Möglichkeiten dem jetzigen in nichts nachsteht (Abbildung 2).

Funktion und Nutzungsform derart aufwendig gestalteter Anlagen können wir bestenfalls in groben Zügen erraten, zumal wir eher aus den Anlagen auf die damaligen Lebensumstände der Menschen schließen als umgekehrt. Im Zusammenhang dieses Kapitels dürfte eine mutmaßliche Funktion besonders bedeutungsvoll sein: die Funktion als kultisches und zugleich auch Gemeinschaft und Frieden stiftendes Versammlungs-, Identifikations-, Kult- und Handelszentrum von Gruppen, die im übrigen mehr oder weniger unabhängig voneinander lebten.

Soweit es überhaupt zulässig ist, aus der langen menschlichen Kulturgeschichte auf ihren Ausgangspunkt zu schließen, spricht vieles dafür, ihn in der Verbindung von der Gruppenstruktur mit dem Totenkult zu sehen. Der Tod eines Mitglieds oder gar des Oberhaupts muß schon immer ein tiefer Einschnitt im Lebensrhythmus eines Familienclans, Sippenverbands oder Volkes gewesen sein. Denn zu dieser Zeit trat der Tod im Normalfall, wenn nicht schon im Kindesalter, so doch spätestens im – aus heutiger Sicht – »besten Alter« von ca. 20 bis 30 Jahren ein. So waren »Gevatter Tod«, der jeden jederzeit treffen konnte, und damit auch das Mysterium des ewigen Werdens und Vergehens, das sich darin so leibhaftig offenbarte, stets präsent.

Abb. 2. Großes Bild: Blick auf das Hauptgrabungsgebiet der zahlreichen, von monumentalen reliefverzierten Pfeilern umgebenen Steinkreise am Göbekli Tepe, deren Bildsymbolik auf einer Vielzahl von Flachreliefs (*rechts unten*) sowie selteneren vollplastisch ausgebildeten Hochreliefs (*rechts oben*) dargestellt ist. In der Interpretation des Chefarchäologen Klaus Schmidt »[führt] die unabweisbar notwendige Baustellen-Logistik geradewegs zu der Schlußfolgerung, daß in der Zeit des 10. und 9. Jahrtausends v. Chr. ein Übereinkommen unter mehreren, sonst wahrscheinlich selbständig agierenden Gruppen erforderlich war. ... Die hervorgehobene Bedeutung der T-förmigen Pfeiler wird dadurch nochmals betont, daß sie sich anhand verschiedener Beobachtungen eindeutig als stilisierte menschenartige Wesen erkennen lassen. Diese anthropomorphen Pfeiler mögen Götter, Ahnen oder auch andere Wesenheiten verkörpern. ... Wir [dürfen] also mit gutem Grund davon ausgehen, daß wir am Göbekli Tepe ein rituelles Zentrum erblicken können – und zwar ausdrücklich auch im Sinne eines *zentralen Ortes* –, so postulieren wir, daß sich hier im Prozeß der Seßhaftwerdung Menschen aus den umliegenden Siedlungen einfanden.« (Klaus Schmidt: »Sie bauten die ersten Tempel«).

Was liegt also näher, als sich die aufwendig gestalteten, mit Schmuck und Reiseproviant, bei hochgestellten Persönlichkeiten sogar mit menschlichem und tierischem Gefolge ausgestatteten Steinzeitgräber als Orte des erhofften Übergangs vom kurzen irdischen Dasein in ein ewiges Leben im überirdischen »Jenseits« vorzustellen? Rituelle Bestattung sowie Ausgestaltung und Pflege der Grabstätte folglich als kultische Repräsentation dieses Jenseitsglaubens und damit als Urform einer im doppelten Wortsinn verbindenden Religion: Anbindung an ein überirdisches Jenseits und durch gemeinsamen Glauben und Kult verbundenes irdisches Zusammenleben? Damit wären einerseits die stabilisierende Wirkung von Ritus, Kult und Religion auf die Identität und den inneren Zusammenhalt der Gruppe, andererseits ihr inhärenter Gegenpol – die Abgrenzung nach außen – erklärt.

Zunehmend befördert würde die Gruppenidentität durch stetige Verfestigung der kultischen Bräuche, etwa gemeinsames rituelles Sprechen (Gebet), Singen oder rhythmisches Bewegen (Anbetungs- und Ergebenheitsformeln, Tanz), vielfach auch kollektiven Rausch und Ekstase.

Doch auch diese Formen von individuellem oder kollektivem Ergriffensein können ebenso religiöse Tiefe und Frömmigkeit wie passives, unreflektiertes Schwimmen mit dem Strom der Masse sein. Damit tragen sie, je stärker die Ergriffenheit desto mehr, in sich die Gefahr der Verwechslung von Religion als übersinnlich-transzendentem Geborgensein mit lockender und verführender Massenideologie.

Die anfängliche Identität des weltlichen Oberhaupts mit dem obersten Priester spaltete sich zunehmend auf in eigenständige weltliche und religiöse Hierarchien mit wechselnder gegenseitiger Dominanz. Nicht nur die frühen Hochkulturen Mesopotamiens und Ägyptens, auch das uns sehr viel näher liegende europäische Mittelalter bis zum Ende der Renaissance, sogar noch in unseren Tagen die »Islamische Republik« Iran, sind Beispiele für das harte, nicht selten blutige Ringen um die Vorherrschaft zwischen religiöser und weltlicher Macht. Die Entstehung, Ausbreitung und neben der religiösen auch die politisch-wirtschaftliche Konkurrenz der großen Weltreligionen hat keinen geringen Anteil an der Härte dieses Ringens.

Stellvertretendes Bild eines transzendenten, für den Menschen unsichtbaren und unbegreiflichen göttlichen Wesens kann nur ein hochgradig verschlüsseltes Symbol sein: ein »heiliger« Ort oder Gegenstand, ein Stier, Jaguar, Falke, Auge oder – als dessen noch weiter abstrahierter Stellvertreter – ein einfaches Dreieck. Dabei ist der Wandel vom sichtbaren Kultobjekt, etwa einem Baum, einer Quelle oder einer Grotte, zum abstrakten Symbol das »Abbild« der Entwicklung vom Idol zur transzendenten Gottheit. Erst über viele Zwischenstufen mit einer kaum übersehbaren Vielfalt lokaler Zuständigkeits- und Stammesgötter, später einem alles Irdische und Überirdische beherrschenden Götterkönig oder Göttervater, führte dieser Wandel schließlich zum allmächtigen, allwissenden, allgegenwärtigen und ewigen Einzigen – und damit vom gemeinschaftlichen zum persönlichen Gottesbezug sowie vom Spezifischen zum Universellen in Moral und Ethik.

Auch hier liegen echte religiöse Frömmigkeit, soziales Zugehörigkeitsbedürfnis, Ideologie und bloße Machtdemonstration nahe beieinander. Von einer heiligen Grotte oder einer Pyramide als geweihter Begräbnisstätte und zugleich Machtsymbol eines Gottkönigs bis zum Mausoleum eines Diktators ist der Weg nur so weit, wie moralische Festigkeit und innere Unabhängigkeit des Gläubigen oder Verehrers es zulassen.

Vielzitiertes Beispiel für die Folgen menschlicher Hybris ist die biblische Geschichte vom »Turmbau zu Babel«. Sie schildert das göttliche Eingreifen in den Plan eines Stammes von Noahs Söhnen, sich eine Stadt Babel / Babylon mit einem Turm zu bauen, »dessen Spitze bis zum Himmel reicht« (Gen. 11). Denn als Motiv gaben sie an: »Wir wollen uns einen Namen machen, damit wir uns nicht über die ganze Erde verstreuen« – sinngemäß also: *Wir* wollen *uns* ein weithin sichtbares Zeichen schaffen mit einem Turm, der bis in die göttliche Sphäre des *Himmels* reicht, um *uns* unsere Identität aus eigener Machtvollkommenheit zu sichern.

Die Gegenposition – religiöse Demut, Glaubenstiefe und Frömmigkeit – spricht aus der beeindruckenden Zahl und Vielfalt künstlerisch-symbolischer Darstellungen von göttlicher Macht und Erhabenheit, von Glaubensbezeugung und Ergriffenheit in Bild, Skulptur, Schrift, sakraler Architektur oder auch kultischem Tanz. Religionsgemeinschaft ohne künstlerischen Ausdruck ist schwer vorstellbar, in den Anfängen ebensowenig wie in der heutigen Zeit, ganz gleich ob in den östlichen Religionen des »ewigen Weltgesetzes« oder den westlichen der »geschichtlichen Gottesoffenbarung«. Selbst ein ausdrückliches Verbot, sich ein Bild des unsichtbaren, also auch bildlich nicht vorstellbaren Gottes zu machen, wird entweder nicht eingehalten, wie im Christentum, oder durch kalligraphische und ornamentale Lobpreisung ersetzt, wie im Islam.

So weit einige Mutmaßungen über die Entstehung und Weiterentwicklung von Ritus, Kult, Religion und Kunst. Die überragende Bedeutung dieser Entwicklung für die Bewußtseinsgeschichte und die kulturelle Evolution des Menschen insgesamt wird im folgenden Kapitel immer wieder aufleuchten, ebenso die sich darin erneut offenbarende Doppelnatur jeglicher menschlichen Wahrnehmung – hier in Gestalt des Teufels als Verkörperung des niederen Bösen gegenüber dem göttlich-erhabenen Guten.

Gut und Böse

In den unterschiedlichsten Kulturen äußerte sich die Hoffnung auf ein Weiterleben nach dem Tod offenbar schon frühzeitig im Glauben an ein jenseitiges Paradies, das – wie jeder Glaubensinhalt – mit zunehmender Bewußtseinserweiterung immer stärker abstrahiert und religiös transzendiert wurde (S. 102ff.). Aus der Vorstellung einer in grauer Vorzeit verlassenen und seitdem zu Lebzeiten unzugänglichen irdischen Stätte ewigen Wohllebens und absoluter Harmonie wurde eine himmlische Sphäre universellen Heils, an der teilzuhaben die Erlösung von irdischer Mühsal und ewige Glückseligkeit versprach.

Voraussetzung, dieses Ziel zu erreichen, war ein gottgefälliges Leben. Doch der Weg dahin war steinig und voller verlockender Abwege und Versuchungen durch den stets präsenten Widersacher göttlichen Willens und Wirkens. Je nach religiöser Vorstellung war dies der inhärente negative Aspekt eines Gottes / einer Göttin oder der Teufel oder sonstige Dämon als personifizierte Verkörperung des Bösen schlechthin. Aus psychologischer Sicht ist es die Projektion des inneren Widerstreits zwischen Gut und Böse auf eine ebenso ambivalente Außenwelt, die als ein alles durchziehender Konflikt zwischen guten und bösen Mächten wahrgenommen wird.

Ein eindrucksvolles Beispiel für die Projektion dieses Konflikts bis hinauf in die oberste Hierarchie der Götterwelt ist die altägyptische Vorstellung von der Sicherung des täglichen

Sonnenumlaufs als lebensspendenden und lebenserhaltenden kosmischen Zyklus. Sie erforderte den allmorgendlich von neuem zu bestehenden Kampf des Sonnengottes Re und seiner Tochter Maʿat, der göttlichen Verkörperung von Gerechtigkeit und rechter Ordnung, gegen Isfet, das allgegenwärtige Prinzip des Verhinderns von Harmonie und Ordnung. Harmonische, geordnete Bewegung als das positive Gute und deren Störung oder gar Stillstand als das negative Böse.

Mit diesem Mythos, der in unterschiedlichen Varianten in vielen Religionen eine zentrale Rolle einnimmt, wurde die Konfliktbewältigung zwar von der Erde in den Himmel projiziert. Doch zur Unterstützung dieses Kampfes wurde sie in Form einer strikt geregelten religiösen Zeremonie vom Himmel wieder auf die Erde zurückgespiegelt. Ein extremer Fall war der Opferritus für den Sonnengott der Azteken. Er verlangte, vor jedem Sonnenaufgang einem Menschen lebend das Herz herauszureißen, um mit diesem Opfer den täglichen Umlauf der Sonne und so die kosmische Ordnung als Ganzes in Gang zu halten.

Im Bereich des menschlichen Zusammenlebens ist der scheinbar einfachste Weg zur Entlastung der eigenen negativen Seite die Projektion auf einen Sündenbock, wie sie als institutionalisiertes Ritual schon frühzeitig in vielen Kulturen praktiziert wurde. Ein derartiger Sündenentsorger kann, je schwerer beladen, um so heftiger dämonisiert, ausgegrenzt und bekämpft werden. Das beginnt mit den scheinbar grundlosen alltäglichen Antipathien und Vorurteilen, die in Wirklichkeit auf Selbstvergewisserung, Selbstbefreiung oder Selbsterhöhung abzielen, und endet nicht selten mit der kollektiven Wahnvorstellung, man könne das als Hexen, Ketzer, Ungläubige, Besessene, Volksfeinde oder anderweitig stigmatisierte Böse für immer ausrotten.

Doch jedesmal erweist sich von neuem, wie vergeblich der Versuch ist, sich von innerer negativer Last durch Projektion nach außen zu befreien. Echte Konfliktlösung kann nur im eigenen Ich stattfinden. Selbst die totale Verabsolutierung des Bösen als »Hölle«, als tiefste Finsternis und ewige Verdammnis im Gegensatz zur »Helle«, der strahlenden Götterwelt im Himmel, befreit nicht davon, den damit nur scheinbar gebannten unbewußten Konflikt in sich selbst zu suchen und zu lösen – sich der Tatsache des Konflikts *bewußt* zu werden und entsprechend zu verhalten.

Aus der Zeitgebundenheit, Begrenztheit und Einmaligkeit jedes Weltbildes folgt, daß Gut und Böse weder allgemeingültige noch zeitlos absolute Werte oder Unwerte sein können. Als Produkte unserer geistigen Vorstellung sind sie Teil der kontinuierlichen Erweiterung des individuellen und kollektiven Bewußtseins und somit auch des jeweiligen »Zeitgeistes«. Wie jede evolutionäre Entwicklung ist dieser Prozeß eine oft konfliktreiche Auseinandersetzung zwischen Tradition und Fortschritt. Ein exemplarischer Fall ist das unablässige Ringen der katholischen Kirche zwischen Tradition, Dogma und Akzeptanz des wissenschaftlichen Erkenntnisfortschritts.

Mit der Assoziation von Gut und Böse mit abstrakten Bildern wie Himmel und Hölle für Gott und Teufel ist die Ungewißheit über die wahre Natur von Gut und Böse aber nicht ausgeräumt. Im Gegenteil, die jeder Abstraktion zugrunde liegende Ungewißheit bestärkt eher noch die Suche nach »wahrer« Erkenntnis. Durch Übersteigen der Begrenzung (lat. Transzendieren) im religiösen Glauben sucht der Gläubige den Anschluß an die göttliche Sphäre der Erlösung von jeglichem Zweifel. Wesentliche Triebkraft ist dabei die urmenschliche Erfahrung der Hilflosigkeit gegenüber der stets drohenden Unberechenbarkeit von Gut und Böse, Glück und Unglück, Nutzen und Schaden, Gestalten und Zerstören.

Die ganze Spanne dieser Ambivalenz ist in jedem Menschen angelegt. Die Extreme können sogar näher beieinander liegen und rascher vom einen Extrem ins andere überwechseln, als wir vermuten. Wie sie sich im konkreten Fall verwirklichen, entscheidet – oft sehr spontan – das Zusammenwirken von individueller Prägung und Veranlagung mit den aktuellen Lebens- und Begleitumständen.

Gestalten und Zerstören

Die gewaltigen Megalithskulpturen von Göbekli Tepe (S. 55), die weithin sichtbaren Tempelberge, Zikkurats und Pyramiden, die architektonisch und künstlerisch alles überstrahlenden Hindu-, Buddha- und antiken Göttertempel, die Moscheen und Kathedralen – sie alle sind zeit- und vorstellungsgebundene Ausdrucksformen höchster Verehrung jener »heiligen« Instanzen, die einerseits die absolute Macht und spirituelle Geborgenheit, andererseits die immer mitempfundene Bedrohung bei Nichterfüllung der rituellen Normen und göttlichen Gebote verkörpern. Vor allem aber sind sie das einigende Band der Gläubigen.

Positive Ausdrucksformen der Suche nach Anbindung an ein jenseitiges Absolutes können so unterschiedlich sein wie der unmittelbar mitmenschliche, selbstlose Einsatz für Bedürftige oder das Gemeinwohl als Ganzes oder die totale asketische Hingabe, z. B. eines Künstlers oder Handwerkers, an das Objekt seiner spirituellen Sehnsucht. In jedem Fall ist es die Erfüllung dessen, was je nach Herkunft, Umfeld, Befähigung und persönlicher Überzeugung als gute oder gottgefällige Lebensführung empfunden wird.

Das gegenteilige Extrem, das willentlich Böse, ist die

ebenso totale Hingabe an das Zerstören von Leben, Lebensplänen, Gestaltungsmöglichkeiten, ideellen, spirituellen oder materiellen Werten, entweder um eigener Vorteile willen oder in der Überzeugung, das Gute durch Bekämpfen des Bösen zu erreichen. Meistens ist dieser vorgebliche Kampf für das Gute allerdings das verkappte Motiv für das erstrebte Böse. So weit Geschichtskenntnisse und literarische Darstellungen zurückreichen, sind sie übervoll von Beispielen. Im religiös-ideologischen Bereich ist es immer wieder das Zerstören heiliger oder ähnlich bedeutungsträchtiger Symbole wie Götterstatuen, Tempel oder – zeitgemäßer – das World Trade Center.

An der Intensität der Hingabe an eines dieser Extreme, einschließlich eines oft unbeugsamen Fanatismus, hat sich in der überschaubaren Menschheitsgeschichte nichts geändert. Ein wesentlicher Grund dafür dürfte das Fehlen von Gewißheit und deren Ersatz durch vermeintliche Glaubenssicherheit oder Sicherung von Machtpositionen sein. Denn weder Gut noch Böse können mehr sein als die Produkte traditioneller Normen und Glaubensinhalte sowie persönlicher Vorstellungen und Überzeugungen – geglaubtes anstelle erworbenen Wissens.

Wissen und Nichtwissen

Wir glauben mehr und wissen weniger, als wir glauben. Die Schwierigkeit, dies zu erkennen, liegt nicht so sehr im Unterscheiden zwischen Glauben und Wissen, nicht einmal im Auseinanderhalten von Glauben, Aberglauben, Wissen und Nichtwissen. Viel entscheidender ist der Umgang mit dem Begriff »Wissen«.

»Ich weiß, daß ich nichts weiß« lautet der berühmte, Sokrates inkorrekt zugeschriebene Satz. Die tatsächliche Aussage offenbart jedoch erst dessen vollständige, keineswegs so apodiktische Originalversion in Platons »Apologie des Sokrates« in ihrem vollen Zusammenhang. Danach kommentiert Sokrates den Spruch des Delphischen Orakels, niemand sei weiser als er, mit der Bemerkung: »Im Vergleich zu diesem Menschen [einem Politiker, der allgemein für weise gehalten wurde] bin ich der weisere. Denn keiner von uns beiden scheint etwas Vollkommenes (καλὸν κἀγαθόν) zu wissen, er aber glaubt, nicht wissend, etwas zu wissen, ich dagegen, eben weil ich nicht (!) weiß, glaube auch nicht zu wissen.« »Nicht wissen« und »nichts wissen« sind nicht dasselbe.

Würde Sokrates heute, als kritischer Zeitgenosse unserer »Wissensgesellschaft«, noch genauso sprechen? Ganz sicher. Denn nach allem, was Platon uns über dessen lebenslang vergebliche Suche nach absolut und allgemeingültig gesichertem Wissen berichtet hat, bestand die Bilanz darin, daß absolutes Wissen für den menschlichen Verstand unerreichbar ist. Nicht ohne Grund bezeichnen wir Wissenschaft auch heute noch als *Suche nach Erkenntnis* und als fachlich kompetente, das heißt, dem jeweiligen Stand des Wissens entsprechende *Interpretation* des dabei Beobachteten. Unabhängig davon, wie tief die so gewonnene Erkenntnis reicht, kann sie nie mehr sein als eine unvollkommene Annäherung an vollkommenes und für immer gültiges Wissen.

Diese Feststellung folgt allein schon aus der Begrenztheit unserer Wahrnehmungsfähigkeit. Ein einfaches Beispiel mag das verdeutlichen: Aus unserem Blickwinkel sind wir Teil eines Mesokosmos, das heißt, des mit unseren menschlichen Sinnen unmittelbar wahrnehmbaren Ausschnitts aus der unvorstellbar weiten Spanne zwischen dem atomaren und subatomaren Mikrokosmos und dem mutmaßlich Milliarden Lichtjahre umfassenden Makro-

kosmos. Auf diesen vergleichsweise winzigen Zwischen-
bereich sind alle unsere Sinnesorgane und Hirnfunktionen
abgestimmt. Wir sehen, hören, fühlen, denken und bewegen uns weit entfernt vom unendlich Kleinen und unendlich Großen. Keines von beiden ist für uns mit noch so
leistungsfähigen Instrumenten vollständig erreichbar oder
auch nur gedanklich faßbar.

Schon am Begriff des Unendlichen, im Kleinen wie im
Großen, scheitert unser auf den Mesokosmos beschränktes
Bewußtsein. Selbst der Versuch, uns räumliche oder zeit-
liche Unendlichkeit vorzustellen, scheitert an der unaus-
weichlichen Frage unseres mesokosmischen Denkens: Was
kommt davor oder danach? Und das betrifft nicht nur die
Dimensionen von Raum und Zeit, es gilt ebenso für die
»unendliche« Komplexität und Dynamik, mit der Mikro-,
Meso- und Makrokosmos miteinander vernetzt sind.
»Alles fließt« wußte schon Heraklit: Nichts ist im nächsten
Augenblick mehr genau das, was es soeben noch war – auch
wir nicht, weder physisch noch psychisch.

Wie sollten wir also wissen können, welche Kräfte einerseits in unserem eigenen Inneren, der mikrokosmischen
Materie, aus der wir bestehen, andererseits von außen aus
dem uns umgebenden Makrokosmos auf uns und alles uns
Umgebende einwirken, wenn sie doch aus qualitativ und
quantitativ »unendlichen«, uns also letztlich unzugänglichen Quellen stammen? Schließlich ist auch Bewußtsein
eine Form von Energie. Doch was ist das überhaupt: Energie? Trotz aller Fortschritte gehen die Fachwissenschaft-
ler heute davon aus, daß ihnen der weitaus größte Teil aller
Kräfte, die sie lediglich aus theoretischen Berechnungen
herleiten und als »dunkle Energie« und »dunkle Materie«
bezeichnen, nicht einmal ansatzweise bekannt ist.

Und selbst Kräfte wie der radioaktive Zerfall, die wir

so genau messen können, daß wir Atomuhren als unsere exaktesten Zeitmesser darauf gründen, sind uns in ihrem physikalischen Verhalten völlig unverständlich. Weshalb zerfällt in einem bestimmten Zeitraum eine statistisch absolut verläßliche Anzahl von Atomen in exakt definierte Bruchstücke, ohne daß auf irgendeine Weise im voraus erkennbar wäre, welche Atome zerfallen und welche intakt bleiben? Mesokosmisches Kausaldenken und mikrokosmische »Zufallsereignisse« erscheinen uns unvereinbar.

Wissen kann nicht mehr sein als bestenfalls praxistaugliche, an die mesokosmische Wirklichkeit möglichst weitgehend angenäherte Interpretation von Beobachtung und Erfahrung. Der Drang nach stetiger Erweiterung dieses empirischen Wissens dient der Lebenssicherung und ist die treibende Kraft der kulturellen Evolution. Daß es dabei um *wirklichkeitsnahes* und nicht um *absolutes* Wissen geht, ist für unsere praktischen Bedürfnisse unerheblich. Alles, was darüber hinausgeht, verlangt entweder bewußtes Offenlassen im Sinne seriöser Wissenschaft, die ihre Grenzen kennt, oder einen sich gleichermaßen bescheidenden Glauben – sokratisch-kritische Distanz zu absolutem Wissen und / oder ehrfürchtiger, die Grenzen des Erfahrungswissens anerkennender Glaube an eine höhere Weisheit.

Das kulturelle Erbe Europas

Beides, Erfahrungswissen und religiöser Glaube (praktisch-anschaulich erfahrbar durch ihre Zwillinge Technik und Kunst), waren von Beginn an die prägenden Elemente der kulturellen Evolution. Wohl keine ihrer vielfältigen Erscheinungsformen hat so viele andere Erscheinungsformen so tiefgreifend beeinflußt oder ausgelöscht und zugleich einen so komplexen eigenen Weg genommen wie die europäische. Ihre Ausgangsbasis war das vereinigte Erbe der vorderasiatisch-christlichen Religion, der griechischen Kunst und Philosophie und des römischen Rechts.

Soweit sich die Entfaltung der europäischen Kultur mit einiger Verläßlichkeit nachvollziehen läßt, verlagerten sich ihre Ursprünge innerhalb mehrerer Jahrtausende von der frühen, erst in jüngerer Zeit näher bekannt gewordenen alteuropäischen Donauzivilisation (Haarmann) und den vorderasiatisch-ägyptischen Hochkulturen auf das griechisch-römische Altertum. Dessen Erbe verbreitete sich unter dem dominierenden Einfluß des Christentums (indirekt auch des Islams) in ganz Europa und schließlich von da aus in großen Teilen Amerikas und Australiens, mit Einschränkungen auch in Asien und Afrika.

Evolution ist Fortentwicklung des Überkommenen. Daß die kulturelle Evolution um viele Größenordnungen schneller abläuft als die biologische, verdankt sie dem potentiell unbegrenzten Informationsaustausch zwischen einander beliebig nahe- oder fernstehenden Kulturen. Denn im Gegensatz zur biologischen unterliegt die kulturelle Evolution keinen grundsätzlichen Behinderungen durch Art- bzw. Kulturgrenzen. Selbst einander fernstehende Kulturen können sich gegenseitig befruchten, wie die chinesische und die europäische. Ebenso kann aber auch eine Kultur eine andere bis zum völligen Identitätsverlust dominieren oder unterwandern.

Wie rasch die kulturelle Evolution fortschreitet, läßt sich besonders gut am Beispiel der gleichermaßen religions- wie wissenschaftsbasierten Astronomie verfolgen. Von den jahrtausendelang zu religiösen Zwecken exakt dokumentierten Himmelsbeobachtungen und Berechnungen der Priester Mesopotamiens und Ägyptens, deren mathematischen Fortentwicklungen durch die vorsokratischen Griechen und den genialen Interpretationen durch Kopernikus, Kepler, Newton und Einstein führten in gerader Linie zur Erkundung von Planeten, Monden und Asteroiden nicht nur unseres eigenen, sondern sogar weit entfernter Sonnensysteme. Vorläufiger Höhepunkt ist die daraus abgeleitete Hypothese vom Urknall als dem Ausgangspunkt unseres Universums. Allerdings können wir weder wissen, inwieweit diese Hypothese der Wirklichkeit entspricht und ob dieses Universum endlich oder unendlich ist, noch ob es tatsächlich ein Uni-versum oder Teil eines noch viel komplexeren Multi-versums ist.

Analoge, aus der Verbindung von Glauben und kultischer Handlung hervorgegangene Entwicklungen lassen sich für alle übrigen, inzwischen vielfach untergliederten Wissenschaftszweige zurückverfolgen. Mutmaßlicher Ausgangspunkt war jeweils der religiöse Glaube an eine alles regelnde Macht der Götter und an deren Abbild in einer kosmischen Ordnung, die durch genau darauf abgestimmte rituelle Handlungen unterstützt werden mußte.

Die Wissenschaften, die sich daraus entwickelten – auch die heute sogenannten »exakten« Wissenschaften wie Astronomie und Mathematik –, bildeten bis zur Zeit der europäischen Aufklärung eine feste Einheit mit der Religion, unabhängig von deren individueller Ausprägung. Selbst der frühe Aufklärer und deshalb als Verführer der Jugend angeklagte Sokrates berief sich laut Platon in seiner Verteidigungsrede auf einen göttlichen Auftrag. Und noch Kopernikus, Kepler und Newton priesen in ihren bahnbrechenden Werken den über allem stehenden Schöpfer.

Die Kunst, neben Religion und Wissenschaft der dritte große Zweig der kulturellen Evolution, hat ihren frühen, durch eine Fülle von Fundobjekten nachgewiesenen Ursprung offenbar ebenfalls im religiösen Glauben, mit dem sie bis zur europäischen Aufklärung in ebenso enger Symbiose verbunden war wie die Wissenschaft. Im Gegensatz zur schriftlich und somit erst vergleichsweise spät dokumentierten Wissenschaft sind zahllose künstlerische Äußerungen aus sehr viel früheren Epochen der Menschheitsentwicklung erhalten geblieben.

Obwohl uns viele frühe Kunstobjekte in ihrer Ausdrucksstärke emotional tief berühren, ist uns der Zugang zu ihrer ursprünglichen Aussage noch gründlicher verwehrt als bei den frühen, mutmaßlich religiös motivierten Kultbauten. Denn hinter den frühen künstlerischen Äußerungen stehen nicht nur – wie zu jeder Zeit – die unzugänglichen Gedankenwelten einzelner schöpferischer Individuen, sondern, je älter die Objekte, desto weiter entfernte Bewußtseinszustände vergangener Epochen. Einige nach zeitlichen (Abbildung 3) und inhaltlichen Gesichtspunkten (Abbildung 4) ausgewählte Beispiele sollen deshalb für sich selbst sprechen und zugleich auf ihre Weise den weiten Bogen bis in unsere Gegenwart spannen (S. 146ff.).

Die Versuchung einer Interpretation aus unserer jetzigen Gedankenwelt heraus ist groß. Viele Autoren sind darin sehr weit, manche unzulässig weit gegangen. Sind die steinzeitlichen Tierdarstellungen magische Beschwörungsrituale, um die Götter vor, während oder nach der Jagd oder anderen Verrichtungen gnädig zu stimmen? Oder stellen sie die Götter selbst dar, wie es noch aus historischer Zeit Vorderasiens und Ägyptens überliefert ist? Sind die Darstellungen von Mischwesen aus Tier und Mensch erste Anzeichen eines Übergangs von einer magischen in eine mythische Phase der Vorstellung von überirdischen Mächten nach menschlichem Vorbild?

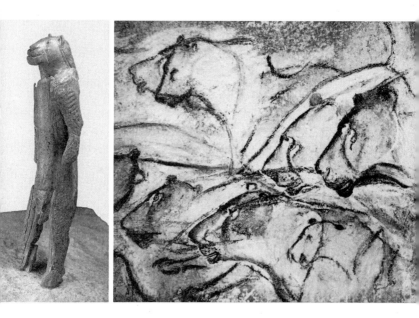

Abb. 3 Altsteinzeitliche Kunstwerke: Der »Löwemann« (links, ca. 30 000 v. Chr.) aus einer Höhle im schwäbischen Lonetal und, damit korrespondierend in der besonderen kultischen Bedeutung des Löwen, ein Ausschnitt aus dem Felsbild einer Löwengruppe in der Höhle von Chauvet (rechts, ca. 25 000 v. Chr.).

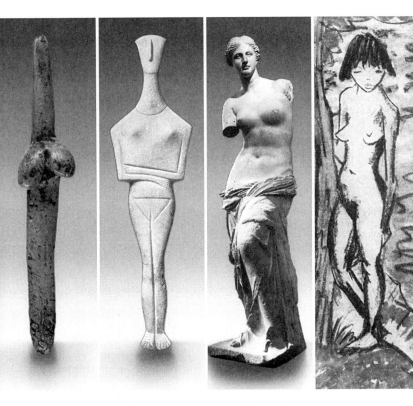

Abb. 4 Frauendarstellungen aus unterschiedlichen Kunstepochen (von links nach rechts): Elfenbeinstatuette aus Dolni Vestonice, Tschechien (ca. 25 000 v. Chr.), Kykladen-Idol vom Dokathis-mata-Typ (Marmor, ca. 2700–2300 v. Chr.), Marmorstatue der Aphrodite (»Venus von Milo«, ca. 130–120 v. Chr.) und »Stehender Mädchenakt« des Brücke-Malers Otto Mueller (1874–1930). Die Beispiele bezeichnen den Weg von der Abstraktion über die Idealisierung zur Individualität.

Künden sie eine menschenähnliche Welt der unsterblichen Götter an, wie sie zuerst Hesiod und später Ovid in allen Details über deren Verwandtschaft, Machtkämpfe, Zuständigkeiten und Weltordnung, aber auch Inzest, Intrigen und eifersüchtiges Eingreifen in menschliche Schicksale beschrieben haben?

Sind die künstlerischen Äußerungen überhaupt ein verläßlicher Leitfaden, der uns den Weg der menschlichen Bewußtseinsentwicklung von der Verehrung »beseelter« Kultobjekte über die antike Götterwelt zur kritischen Selbsterkenntnis weist? Im zweiten Kapitel werde ich auf diese Fragen näher eingehen.

Erkenntnis und Anwendung

Religion und Kunst sind Äußerungen persönlicher Empfindungen, der zwischenmenschlichen Kommunikation und der Selbstfindung, während Wissenschaft und Technik die äußeren Lebensumstände bestimmen. »Dem Anwenden muß das Erkennen vorausgehen«, lautet ein vielzitierter Satz von Max Planck, dem unabsichtlichen Wegbereiter unseres gegenwärtigen wissenschaftlichen Weltbildes und Standes der Technik. Es ist aufschlußreich, an seinem Beispiel der Frage nach Absicht und Zufall in der wissenschaftlichen Erkenntnis und ihrer praktischen Anwendung nachzugehen.

Jeder Wissenschaftler verfolgt mindestens eines von zwei Zielen, häufig beide: die reine, zweckfreie Suche nach Erkenntnis um ihrer selbst willen und/oder deren Anwendung zu einem bestimmten Zweck. Beide Ziele sind kulturelle Fortsetzungen des instinktiven Lern-, Spiel- und Eroberungstriebes im Kindesalter. Doch so unerläßlich dieser Trieb sowohl für die individuelle Kindheits- wie für die menschliche Kulturentwicklung ist, so sehr birgt er in beiden Fällen auch die Gefahr der Ambivalenz von Nutzen und Schaden. Schaden kann im günstigsten Fall eine hilfreiche Lehre, im ungünstigsten Fall ein tödliches Ende sein. Denn Suche nach Erkenntnis, ob als Kind oder als Wissenschaftler, bedeutet definitionsgemäß Suche nach etwas zuvor Unbekanntem. Weder das Ergebnis der Suche noch deren Bedeutung für die praktische Anwendung sind im voraus erkennbar.

Max Planck entdeckte im Jahr 1900 – pünktlich zum Beginn des »Jahrhunderts der Physik« – entgegen der damals etablierten Lehrmeinung und auch seiner eigenen Erwartung das nach ihm benannte »Plancksche Wirkungsquantum«: die winzige, aber experimentell und rechnerisch nachweisbare Größe, um die sich jede Zustandsänderung in minimalen Sprüngen (»Quanten«) vollzieht. Daß daraus über weitere geniale Entdeckungen durch Einstein, Bohr, Heisenberg und viele andere die gesamte moderne Quantenphysik, Atomtheorie und Astronomie sowie auf der praktischen Seite die uns heute so selbstverständlichen Computer-, Laser- und Chiptechnologien hervorgehen würden, konnte Max Planck weder voraussehen noch gar beabsichtigen. Sein vergleichsweise bescheidenes Motiv war die Suche nach einer Erklärung für ein aus der Anwendungsperspektive scheinbar so unbedeutendes Phänomen wie die Wärmestrahlung schwarzer Körper.

Zwei weitere, oft angeführte Beispiele sind die nach ihrem Entdecker benannten Röntgenstrahlen und die Entdeckung der antibiotischen Wirkung des Penicillins durch Alexander Fleming. Beides sind Zufallsentdeckungen, und beide haben auf ihre Weise ungeahnte und unbeabsichtigte Möglichkeiten in der Krankheitstherapie und der Unfallversorgung eröffnet.

Die Liste von Erkenntnissen einer rein wissenschaftlich und zweckfrei motivierten Grundlagenforschung mit weitreichenden praktischen Konsequenzen ließe sich beliebig fortsetzen. Reine Wissenschaft stellt reine Erkenntnisfragen. Sie gelten der Erkundung der natürlichen Umwelt sowie unserer eigenen Natur auf dem jeweiligen Niveau der kulturellen Evolution. Mit der Nutzung für praktische Zwecke kommt jedoch ein weiterer entscheidender Aspekt der Evolution ins Spiel: das *Bewußtsein von Gut und Böse*, von Gestalten und Zerstören, und die daraus resultierende Verantwortung im praktischen Handeln. Dieser Aspekt wird einen Kernpunkt des abschließenden dritten Kapitels bilden.

Handeln als Zweckerfüllung und Bedürfnisbefriedigung

Praktisches Handeln ist Anwendung von Erfahrungswissen, um einen bestimmten Zweck zu erreichen. Der Zweck kann die Erfüllung eines lebensnotwenigen Bedürfnisses, aber auch jede andere Art von Wunsch- oder Bedürfnisbefriedigung sein. Hier soll uns nicht der Urzweck allen Handelns, die Sicherung der lebensnotwendigen Grundbedürfnisse interessieren, sondern das, was darüber hinausgeht: die Befriedigung von Konsumwünschen aus Gewohnheit und dem daraus sich entwickelnden Anspruch.

Die jüngeren Generationen unserer industrialisierten Wohlstands- und Konsumgesellschaft des beginnenden 21. Jahrhunderts haben nie etwas anderes kennengelernt als eine Wirtschaftsform, in der Bedarfsweckung mehr Raum einnimmt als Bedarfsdeckung. Das gilt nicht nur für so neuartige Entwicklungen wie die moderne Tourismus-, Unterhaltungs- und Vergnügungs-»Industrie«, die Fülle rasch wechselnder Modeartikel und anderer Statussymbole oder den Verkauf teurer Präzisionswaffen und anderer Hightech-Produkte an arme Entwicklungsländer.

Selbst Lebens- und Genußmittel in unübersehbarer Vielfalt sind innerhalb weniger Jahrzehnte von Mangelware zu aufwendig beworbenen Massenprodukten und – relativ zum Durchschnittseinkommen – Billigartikeln geworden. Vor kurzem noch völlig unbekannte Produkte wie multifunktionale Mobiltelefone, Computerspiele oder Video- und DVD-Filme unterschiedlichster Qualität gehören sogar für Jugendliche ohne eigenes Einkommen schon bald nach ihrer Markteinführung zur gewohnten und somit auch beanspruchten Standardausrüstung. Gewohnheit erzeugt Anspruch.

Diese Beispiele sollen jedoch weniger den Anspruch an sich als das Prinzip seiner Entstehung und die immanente Gefahr der Gewöhnung und gefühlten Abhängigkeit betonen. Wer nie etwas anderes gewohnt war als die Zugehörigkeit bestimmter Produkte zu seinem Lebensumfeld, leitet daraus automatisch einen Anspruch auf Teilhabe ab – es sei denn, er wird sich der Fiktion seiner Abhängigkeit bewußt und handelt entsprechend eigenständig und selbstbewußt.

Die bei weitem längste Phase der menschlichen Kulturentwicklung war geprägt von reiner Bedürfnisbefriedigung als Überlebenssicherung und Deckung des lebensnotwendigen Minimalbedarfs. Das hat sich mit der Industrialisierung rasch geändert und schließlich zur völligen Perversion von Bedarfsdeckung zu einer auf Gewinnmaximierung ausgerichteten Finanz- und Konsumgüterwirtschaft geführt. Und diese neue Allianz wurde immer mehr perfektioniert zum globalen Wachstumsfetisch und zur Selbsterfüllung ohne Maß und Rücksicht auf die mitwachsende Zerstörung der eigenen sozialen, geistigen und materiellen Lebensgrundlagen.

Industrialisierung und Maßlosigkeit

Die Industrialisierung mit ihren vielfältigen Begleit- und Folgeerscheinungen hatte ihren europäischen Ausgangspunkt in mehreren sich gegenseitig verstärkenden Parallelentwicklungen: der wissenschaftlich-technischen Revolution seit dem 18. und 19. Jahrhundert, der Kolonisation fast aller außereuropäischen Gebiete, dem rapiden Bevölkerungswachstum, der »Aufklärung des Denkens« und der zunehmenden Säkularisierung und Demokratisierung der politischen Systeme. Das Ideal der Freiheit im Denken und Handeln des einzelnen verband sich mit der Umstellung großer Teile des praktischen Lebens von Handarbeit auf maschinelle und automatisierte Fertigung. Man würde viel Freiraum schaffen für neue, körperlich weniger anfordernde Tätigkeiten und damit für privates Unternehmertum, verringerte Arbeitszeiten, höhere Produktivität bei gleichem Zeit- und Materialaufwand und eine allgemeine Verfügbarkeit von Konsumgütern aller Art – so die Erwartungen.

Die Realität sah anders aus. Obwohl sich in Westeuropa der Anteil der in der Landwirtschaft Beschäftigten von ca. 80 Prozent bis auf weniger als 5 Prozent verringert hat und somit der weitaus größte Teil der darin gebundenen Arbeitskräfte für andere Tätigkeiten und erleichterte Arbeitsbedingungen frei wurde, haben sich weder die kapitalistische noch die kommunistische Variante der Fortschrittsvision von Wohlstand und freien Entfaltungsmöglichkeiten für alle auch nur annäherungsweise erfüllt. Beide Varianten entrückten zu Utopien. Denn an die Stelle der traditionellen Bevormundung durch Adel und Klerus trat nun innerhalb weniger Jahrhunderte die alles beherrschende Macht einer industrialisierten, materialisierten, globalisierten und anonymisierten Finanz- und Konsumwirtschaft.

Aus bewußtseinsgeschichtlicher Sicht war es die endgültige Abkehr vom klassischen kontemplativ-philosophischen Lebensstil. Statt des »*Ausgangs* aus der selbstverschuldeten Unmündigkeit«, wie Immanuel Kant es forderte, suchte und fand die neue Allianz von Produzenten und Konsumenten den verführerischen *Eingang* in eine neuartige Form von Unmündigkeit und gegenseitiger Abhängigkeit. Was nun zählte, waren Vorwärtsdrang und blendender Glanz: So viel und so schnell wie möglich – Aussicht auf schnellen Gewinn und äußeren Schein, erkauft mit rascher Vergänglichkeit und innerer Leere. Der globalisierte »Tanz um das goldene Kalb«.

»Nach Golde drängt/Am Golde hängt/Doch alles. Ach wir Armen!« Wohl niemand hat den rasanten Umbruch vom Betrachten zum Besitzen, vom Handwerk zur Maschine, vom Zeitmaß der Natur zur geschäftigen Eile so frühzeitig und so klar vorausgesehen und so genial-eindrücklich geschildert wie Goethe in seiner Faust-Tragödie. Selbst das widerstrebende Gretchen, Goethes Verkörperung der reinen Seele gegenüber dem rastlos vergnügungs- und sinnenbetäubungssüchtigen Faust, wird vom Seelenfänger Mephisto mit blendendem Glanz für Fausts Verführung eingefangen.

Bezeichnend ist Gretchens erster Gedanke beim Anblick des Goldes: »Ein Schmuck! Mit dem könnt eine Edelfrau/ Am höchsten Feiertage gehen./ Wie sollte mir die Kette stehn?/Wem mag die Herrlichkeit gehören?/Wenn nur die Ohrring' meine wären!« Und Faust, der Prototyp des modernen Machers und Konsumenten, der Leben mit Betriebsamkeit, Vergnügen und Unterwerfung gleichsetzt, will erobern und besitzen, bändigen und gestalten, will bezwingen, genießen und weitereilen: »So tauml', ich von Begierde zu Genuß,/ Und im Genuß verschmacht ich nach Begierde.« Jedes Verweilen würde den Tod bedeuten.

Es wäre reizvoll, mit weiteren Zitaten Goethes genialer Weitsicht und seiner Umformung der alten Faustlegende in eine treffsichere Prognose der Entwicklung und der Folgen dessen nachzugehen, was zu seiner Zeit, kurz nach Erfindung der Dampfmaschine, noch in den frühesten Anfängen steckte. Schon lange bevor der moderne Mensch große Flüsse kanalisierte und ganze Landschaften in naturferne »Nutzflächen« umwandelte, ließ Goethe seinen Prototyp eines besessenen Naturbezwingers am Ende seiner Flucht in den Machbarkeitswahn als »Global Player Faust« (Michael Jaeger) – als Kolonisten, Großgrundbesitzer und Erbauer von Kanälen und Hafenanlagen – da scheitern, wo die Natur ihm härtere Grenzen setzte als in seiner Selbsttäuschung und Bewußtseinsvernebelung. Geistig verblendet und physisch erblindet, verwechselt er sogar noch seine Totengräber mit seinem Arbeiterheer und hält bis zum letzten Moment an der Hybris des reinen Willensmenschen fest: »Es kann die Spur von meinen Erdentagen / Nicht in Äonen untergehn.«

Woran Faust als Vorbote der jetzt verblühenden Hochphase des Industriezeitalters scheitert, ist seine Flucht vor der Realität in Rausch, Besitzstreben, Größenwahn und unbegrenzten sinnlichen Genuß. Dafür hatte er seine Seele an Mephisto verpfändet und Sein gegen Schein, Bewußtsein gegen Bewußtlosigkeit eingetauscht. Damit setzte er einen weit über ihn hinausweisenden Prozeß in Gang, der so lange keine Grenzen und kein Maß kannte, wie die Betäubung der Sinne anhielt: bis heute.

Erst jetzt, in der späten Wahrnehmung der natürlichen Grenzen jeglicher Maßüberschreitung, stellen wir die besorgte Frage, ob das inzwischen so offensichtliche Verblühen des Industriezeitalters mit seinem grenzenlosen Konsumrausch doch noch die Reifung zur Frucht und eine Wende zu maßvoller Ernte anzeigt oder ob die Blüte verdorrt und damit ebenso scheitert wie der Scheinblüher Faust.

Wachstum und Maß

Ein völliges Scheitern der Denk- und Lebensweise im Industriezeitalter wäre gleichbedeutend mit dem Verkennen der Dynamik und Grenzen jeglichen Wachstums. Jedes zu einem beliebigen Zeitpunkt existierende Objekt, ob Sandkorn, Gebirge oder Galaxie, Bakterium, Mensch oder Biosphäre, ist ein Übergangsstadium zwischen Werden und Vergehen, zwischen Wachstum, Zerfall und Entstehen von Neuem. Am Anfang steht eine Option, ein Wachstumskeim. Ob und wie diese Option verwirklicht wird, bestimmen die Rahmenbedingungen: die Verfügbarkeit geeigneter Ressourcen sowie der allen sonstigen Begrenzungen unterworfene Prozeß des »ewigen Stirb und Werde«. Aus dieser Sicht ist Wachstum als Gesamtgeschehen zwar »unendlich«, für jedes konkrete Objekt jedoch endlich in Raum und Zeit. Jede ausgeschöpfte Ressource, ob Erz oder Ackerboden, Erdöl oder Ökosystem, bedeutet das Ende des daraus gespeisten Wachstums.

Beschleunigtes Wachstum ist beschleunigter Ressourcenverbrauch und damit beschleunigtes Ende des Wachstums. Die rasante Übernutzung aller natürlichen Ressourcen während der letzten Jahrhunderte stellt uns, die »postindustrielle« Gesellschaft, vor die Herausforderung einer sofortigen und radikalen Abkehr von einem Lebensstil ohne Besinnung auf Dauer. Eine zweite Erde mit unverbrauchten Ressourcen haben wir nicht.

Und dennoch: »Alles fließt.« Alles verändert und entwickelt sich. Dabei muß Wachstum aber keineswegs immer gleichbedeutend mit quantitativem Zuwachs und folglich schwindenden Ressourcen sein. Die wesentlich aussichtsreichere Alternative ist qualitatives, ressourcenbewußtes Wachstum unter dem Primat der Nachhaltigkeit.

Unter diesem Aspekt erhält Einsteins eingangs zitiertes Wort seine ganze Tiefe und umfassende Bedeutung: »Ein Problem kann nicht mit demselben Bewußtsein gelöst werden, das es geschaffen hat.« Aber haben wir die Einsicht, den Willen und die Kraft, dem zu entsprechen? Kann sich unser Bewußtsein von der Fixierung auf quantitatives Wachstum zugunsten qualitativen Fortschritts lösen?

Anonymität und Vermassung

Sozialpolitisch besonders folgenreiche Begleiterscheinungen dieser Entwicklung waren der steile Bevölkerungsanstieg und die Durchsetzung individueller Bürgerrechte. Mit der allmählichen Aufhebung des Lehnswesens im 19. Jahrhundert wurden zwar de jure aus rechtlich unselbständigen Lehnsleuten freie und selbstbestimmte Bürger. In der Praxis standen sie als Individuen damit jedoch nicht nur einer neuen Form von Wohlstands- und Machtgefälle gegenüber, sondern auch einer ständig wachsenden anonymen Masse.

Auf einige Folgen dieser Entwicklung bin ich bereits eingegangen. Daß sie das Schwimmen mit dem Strom der Mehrheit und damit den unhinterfragten Massenkonsum als einen sich selbst verstärkenden Prozeß beförderte, ergab sich allein schon aus der gegenseitigen Abhängigkeit aller drei Akteure: der Massenproduzenten, der Massenkonsumenten und dem dazwischen agierenden Groß-, Zwischen-, Versand- und Einzelhandel. Die wechselseitige Anonymität der beiden Hauptakteure, der Produzenten und der Konsumenten, wurde dadurch noch weiter verstärkt.

Die Kehrseite dieser Anonymität, die persönliche Verantwortung jedes einzelnen sich selbst und auch der großen Masse gegenüber, ist wesentlich schwerer faßbar: ein Problem, das Denker aller Zeiten beschäftigt hat. In den beiden folgenden Kapiteln werde ich darauf zurückkommen. An dieser Stelle beschränke ich mich darauf zu betonen, welch eminente Bedeutung die individuelle Verantwortung für den gemeinschaftlichen Umgang mit den Folgen des bisherigen Handelns hat.

Zur sozialen Einbindung des einzelnen in die große Masse sowie zur Reichweite emotionaler Bindungen hat Robin Dunbar eine interessante Beobachtung gemacht. Demnach ist jeder erwachsene Mensch von mehreren einander unterschiedlich nahe stehenden Personenkreisen umgeben, zu denen die persönlichen Beziehungen mit zunehmender Gruppengröße stark abnehmen. Das bedeutet, so Dunbar, »daß man etwa fünf enge Vertraute hat, daß man rund 15 gute Freunde kennt, und daß man mit circa 150 Bekannten gern in Kontakt steht.« Über diese »Dunbar-Zahl« 150 hinaus definiert er noch mindestens zwei weitere Gruppen. Die erste besteht aus etwa 500 Personen, die man zwar kennt, oft auch gern und freundlich grüßt, zu denen man aber keine engere persönliche Beziehung hat. Dazu gehören Arbeitskollegen, Ärzte oder Nachbarn. Die nächste Gruppe umfaßt ungefähr 1500 weitere Personen, die man lediglich vom Sehen kennt. Alle übrigen bilden die große anonyme Masse.

Hier geht es jedoch weniger um die absoluten Zahlen, die als Durchschnittswerte ohnehin von Person zu Person stark schwanken, als um die geringe Reichweite der sozialen Einbindung und der persönlichen Vertrautheit innerhalb der großen Masse.

Reglementierung contra Verantwortung

Die Entwicklung zur Massengesellschaft hatte schon frühzeitig dazu geführt, das Zusammenleben durch Gesetze zu regeln, die seitdem stetig erweitert und untergliedert wurden. Vor allem für die modernen Demokratien mit ihren freiheitlichen Grundrechten und den daraus abgeleiteten Ansprüchen ergab sich damit ein kaum lösbarer Konflikt. Einerseits soll der demokratisch verfaßte Staat nicht nur de jure, sondern auch de facto jedem Bürger weitgehende persönliche Freiheit und Schutz vor Fremdbestimmung bieten, andererseits soll er die mit zunehmender Anonymität sinkende Verantwortungsbereitschaft durch staatliche Reglementierung ersetzen.

Wie sehr dies ein Widerspruch in sich ist, hat schon Laotse in einem seiner Aphorismen (57. Spruch) im »Buch vom Anschluß an das Gesetz«, dem »Dao De Jing«, festgestellt: »Je mehr Verbot, um so mehr Übertretung. Je mehr Vorschrift, um so mehr Nichterfüllung.«

Dieser Konflikt durchzieht alle Bereiche der menschlichen Gesellschaft, nicht nur in Demokratien mit entsprechender und auch tatsächlich praktizierter Verfassung. Und er ist auch nicht durch noch mehr Reglementierung zu lösen. Vermutlich kann die Lösung nur in vermehrter Rücksichtnahme auf die biologischen und kulturellen Grundlagen des menschlichen Verhaltens liegen. Dazu gehören in erster Linie die Prägung durch Erziehung und Vorbild sowie der natürliche Drang zur Selbstverwirklichung. Jeder weiß aus eigener Erfahrung, wie sehr Bevormundung und einengende Vorschriften Widerstand hervorrufen und die Einsatzbereitschaft lähmen.

Dennoch: ohne feste und allgemeinverbindliche Regeln funktioniert kein gedeihliches Zusammenleben. Aber jeder ist um so eher bereit, diese Regeln auch einzuhalten und sich mitverantwortlich in die Gemeinschaft einzubringen, je sicherer er sein kann, daß andere dies ebenfalls tun und ihm zugleich genügend Raum für freie Selbstbestimmung bleibt. Denn im eigentlichen Wortsinn ver-antworten kann nur, wer die Freiheit besitzt, eine eigenständige Antwort auf die Fragen und Anforderungen seiner Mitwelt zu geben. Selbst in einer auf kanonisierte Schriften und ein gemeinsames Glaubensbekenntnis festgelegten christlichen Religionsgemeinschaft ist dies, wie Martin Luther es ausgedrückt und auch selbst gelebt hat, die unbedingte »Freiheit eines Christenmenschen«.

Der individuellen Freiheit im sozialen Miteinander, so unerläßlich sie ist, sind jedoch ebenso natürliche, auf das Gemeinwohl und die eigene Zukunft gerichtete Grenzen gesetzt wie der Nutzung materieller Ressourcen. Sich dies bewußt zu machen erfordert nicht viel, die Umsetzung in praktisches Handeln offenbar wesentlich mehr.

Mensch und Natur

Das Verhältnis zwischen Mensch und Natur – Natur als Lebensraum, der zugleich Fülle bietet und Grenzen setzt – ist das immer wiederkehrende Thema der großen Mythen, Epen und Dichtungen. Im sumerischen Gründungsmythos von Uruk, dem mutmaßlich ersten zentral organisierten Stadtstaat im Alten Orient, erfährt Gilgamesch seine Grenzen zunächst in der vergeblichen Suche nach Unsterblichkeit und wird daraufhin als Sterblicher zum Begründer einer neuen Stufe der kulturellen Evolution und der Naturaneignung. Im griechischen Mythos entstammt der Kulturstifter Prometheus zwar dem Göttergeschlecht, muß aber dennoch seine Grenzen leidvoll erfahren, indem er von Zeus grausam dafür bestraft wird, daß er den Menschen das Feuer schenkte. Beide Versionen sind mythologische Deutungen von Schlüsselereignissen während der menschlichen Kulturentwicklung im Spannungsfeld zwischen Entfaltungsmöglichkeit und Begrenzung.

Klassische Gegenbeispiele zu den Kulturheroen Gilgamesch und Prometheus sind Ikarus und Faust, die anstatt kulturfördernder Taten lediglich riskante, selbstbezogene Abenteuer suchten und dabei an ihrer ungezähmten Hybris scheiterten: Ikarus im Rausch des Fliegens bis in die vermeintliche Nähe der Götter und Faust im Rausch des skrupellosen irdischen Genießers, Machtmenschen und vermeintlichen Naturüberwinders.

Heute, 5000 Jahre nach dem heroisierenden Gilgamesch-Mythos und zweihundert Jahre nach Goethes mahnender Faust-Tragödie, drohen wir nicht mehr als einzelne, in Mythos und Dichtung herausgehobene Symbolgestalten, sondern als gesamte, global agierende Menschheit an unseren Grenzen zu scheitern. Dabei sind wir nicht einmal mehr auf mythologisierende oder dichterische Intuition angewiesen, um über die Folgen von Maßlosigkeit belehrt zu werden. Wir verfügen längst über alles notwendige Wissen, um klar zu sehen, daß die bisherige Form des Umgangs mit der uns tragenden Biosphäre die natürlichen Grenzen von Zukunftsfähigkeit weit überschritten hat.

Uns mangelt es nicht an Erkenntnis. Aber sind wir uns auch unseres alle Grenzen mißachtenden Handelns ausreichend bewußt? Noch scheinen Ikarus und Faust die gültigen Spiegelbilder unserer Maßlosigkeit zu sein.

Oder sind unser Wissen, Bewußtsein und Handeln schlecht oder falsch miteinander verbunden? Und wenn ja: Was können wir tun, um sie besser aufeinander abzustimmen? Jeder Versuch einer überzeugenden Antwort auf diese Fragen setzt eine ausreichende Kenntnis der Natur und der Dynamik unseres Bewußtseins voraus. Diesem Ziel gilt das folgende Kapitel.

Entfaltung des Bewußtseins

Mensch, werde wesentlich.
(ANGELUS SILESIUS, »DER CHERUBINISCHE WANDERSMANN«)

Ausgerechnet über das Bewußtsein, das Zentrum unserer Persönlichkeit, können wir weniger Konkretes aussagen als über jeden anderen Teil unserer Identität. Die körperliche Beschaffenheit und Funktion unseres Auges, Herzens oder Kniegelenks können wir bis ins kleinste Detail beschreiben. Bei der Natur und Arbeitsweise unseres Bewußtseins müssen wir uns mit so komplexen Formulierungen behelfen wie »das bewußte Erleben der eigenen Verstandestätigkeit im Wahrnehmen, Denken, Reflektieren und Vorstellen des Selbst und der übrigen Welt« (S. 24). Doch auch dies ist nur eine von vielen möglichen Umschreibungen, ohne daß damit die ganze Tiefe des Phänomens ausgelotet wäre.

»Bewußtes Erleben« geschieht auf drei eng miteinander verwobenen Ebenen: dem verstandesmäßigen Erfassen, dem seelischen Empfinden und der Resonanz beider mit jenem persönlichen Erfahrungshintergrund, vor dem jegliches Verstehen und Empfinden abläuft. Ohne eigenen Erfahrungshintergrund sind weder Erleben noch Bewußtsein möglich. Um jedoch mit anderen Menschen kommunizieren zu können, ist ein weiterer Hintergrund, der das Individuelle mit dem Überindividuellen verbindet, unerläßlich. Auch dieser Hintergrund besteht aus zwei einander ergänzenden Ebenen: einer unmittelbaren, persönlichen Kontaktebene des zwischenmenschlichen Erlebens und

Erinnerns und einer mittelbaren, unpersönlichen Ebene, auf der alle Individuen an einem gemeinsamen, kollektiven Bewußtsein teilhaben.

Doch selbst mit diesen Ergänzungen ist der wohl wichtigste Aspekt des Bewußtseins noch nicht einmal angedeutet. Denn tatsächlich ist das bewußte Erleben nur ein kleiner Bruchteil eines unauslotbar großen Ganzen, dessen uns verborgenen Teil wir als das Un-Bewußte bezeichnen. Und auch das spielt sich auf den beiden zuletzt genannten Ebenen ab: als individuelles und als kollektives Unbewußtes.

Beide Bewußtseinsanteile, der individuelle und der kollektive, entfalten sich als untrennbare Einheit im Lauf der Persönlichkeits- und der Menschheitsentwicklung in aufeinander aufbauenden Stufen: Kindheit → Jugend → Alter sowie archaisches → magisches → mythisches → mentales → integrales Bewußtsein (S. 102ff.).

Die Entfaltung des individuellen Bewußtseins ist gleichbedeutend mit der Persönlichkeitsentwicklung; die Entfaltung des kollektiven Bewußtseins ist die alle Menschen verbindende Grundlage und Triebkraft der kulturellen Evolution.

Dieses Kapitel gilt dem Versuch, die markantesten Stufen der Bewußtseinsentfaltung sowie das Ineinanderwirken von individuellem und kollektivem Bewußtsein von seinem mutmaßlichen Ursprung bis zur Gegenwart nachzuvollziehen. Dabei sind wir naturgemäß um so mehr auf Mutmaßungen angewiesen, je weiter wir versuchen, in die Vergangenheit zurückzublicken. Das gilt gleichermaßen für unsere persönliche wie für die Menschheitsentwicklung als Ganzes. So unmöglich es zum Beispiel ist, uns als Erwachsene in die eigene frühkindliche Gefühlswelt bei unseren ersten Gehversuchen zurückzuversetzen, so wenig können

wir heute die Empfindungen eines steinzeitlichen Teilneh-
mers am Ritual eines Begräbnisses oder am dionysischen
Tanz eines Frühlingsfestes nachvollziehen. Und dennoch
sind beide Gefühlswelten konstituierende Teile unserer
Vergangenheit und somit Bausteine unserer Gegenwart
und Zukunft.

Prägung, Gedächtnis und Erinnerung

Bewußtsein ist die Verknüpfung von Prägung (bzw. Wahrnehmung) mit Gedächtnis und Erinnerung. Diese Feststellung erscheint auf den ersten Blick tautologisch: Ist
Gedächtnis nicht das Ergebnis vorausgegangener Prägung?
Und sind Erinnerungen nicht abgerufenes Gedächtnis? Ja
und nein. Zwar kann nicht erinnert werden, was nicht ins
Gedächtnis eingeprägt ist, aber nicht jede Prägung bleibt
dauerhaft erhalten. Und nicht alles, was ins Gedächtnis eingeprägt ist, kann erinnert werden, zumindest nicht zu jeder
Zeit und in jeder Situation.

Mehr noch: alle drei Anteile am Bewußtsein – Prägung,
Gedächtnis und Erinnerung – unterliegen ständigen dynamischen Veränderungen, ohne daß wir uns dessen bewußt
sind oder wesentlichen Einfluß darauf hätten. Je nach
Intensität, Häufigkeit und Umständen, unter denen die
an der Prägung und Umprägung beteiligten Nervenzellen
im Gehirn aktiviert werden, werden ihre Verknüpfungen
entweder verstärkt, abgeschwächt, gänzlich gelöscht oder
in veränderter Zusammensetzung neu miteinander kombi-
niert.

Eric Kandel, der Nobelpreisträger für Physiologie oder
Medizin des Jahres 2000, hat in seiner Autobiographie »Auf
der Suche nach dem Gedächtnis« die von ihm entdeckten molekularen und genetischen Unterschiede zwischen

Kurzzeit- und Langzeitgedächtnis in allgemeinverständlicher Form beschrieben. Demnach wird nur ein ausreichend starker und nachhaltiger Eindruck nach vorübergehender Aufnahme in das Kurzzeitgedächtnis auch an das Langzeitgedächtnis weitergeleitet, dort in das bereits Vorhandene eingepaßt und in dieser Form gespeichert.

So erklärt sich auch die vielfach bestätigte Erfahrung, daß sich oft nur eine von zwei Personen an ein früheres gemeinsames Erlebnis erinnert. Offenbar waren unter den gegebenen Umständen die emotionale Reaktion und damit der prägende Eindruck und die Speicherintensität bei dieser Person stärker gewesen als bei der anderen. Und selbst wenn sich beide an das Erlebnis erinnern, tun sie dies, zumindest im Detail, auf unterschiedliche Weise. Was den einen damals tief bewegt hat, kann dem anderen eher belanglos erschienen sein. Oder was der eine ganz sicher mit einem bestimmten Ereignis verbindet, gehört für den anderen ebenso sicher in einen völlig anderen Zusammenhang. Und an vieles erinnern wir uns überhaupt nur, wenn es uns besonders eindringlich »in Erinnerung gerufen« und damit »wieder bewußt« wird.

Prägung, Gedächtnis und Erinnerung sind somit nicht starr, sondern äußerst flexibel miteinander verbunden. Auch hier gilt das Wort von Heraklit: »Alles fließt.« Entsprechend dynamisch und plastisch entfalten sich die verschiedenen Aspekte unseres Bewußtseins, die individuellen und kollektiven ebenso wie die bewußten und unbewußten. Absolut identische Erinnerungen oder bis ins Detail identische Sichtweisen, Werturteile und Glaubensvorstellungen kann es weder zweimal nacheinander in derselben Person noch jemals zwischen zwei verschiedenen Personen geben. Genauso begrenzt und wechselnd sind folglich auch

Selbsterkenntnis und wirkliches »Kennen« eines anderen, auch wenn dies vom Bewußtsein vielfach anders wahrgenommen wird.

Im Englischen gibt es den treffenden Ausdruck »shifting baselines«: sich verschiebende oder wandernde Grundlinien oder Ausgangsniveaus. Jede emotionale oder sinnliche Wahrnehmung, jede körperliche oder geistige Befindlichkeit, jedes Schmerz- oder Lustempfinden, sogar jede Moralvorstellung ändert sich ebenso mit der eigenen Entwicklung wie mit den äußeren Einflüssen. So wie jeder starke Schmerz einen schwächeren relativiert, beeinflußt auch jedes andere beeindruckende Erlebnis die Wahrnehmung aller übrigen gleichzeitigen, vorausgegangenen oder zukünftigen Erlebnisse.

»Jeder von uns hat eine Lebensgeschichte, eine Art innerer Erzählung, deren Gehalt und Kontinuität unser Leben ist ... Jeder Mensch ist eine einzigartige Erzählung, die fortwährend und unbewußt durch ihn und in ihm entsteht durch seine Wahrnehmungen, seine Gefühle, seine Gedanken, seine Handlungen und nicht zuletzt durch das, was er sagt, durch seine in Worte gefaßte Geschichte. Biologisch und physiologisch unterscheiden wir uns nicht sehr voneinander – historisch jedoch, als gelebte Erzählung, ist jeder von uns einzigartig ... Der Mensch *braucht* eine solche fortlaufende innere Geschichte, um sich seine Identität, sein Selbst zu bewahren.« So beschreibt es der Neurologe Oliver Sacks in seinem vielfach neu aufgelegten Bestseller mit dem inhaltlich passenden, wenngleich etwas kryptischen Titel »Der Mann, der seine Frau mit einem Hut verwechselte«.

Wenn also Persönlichkeit und Bewußtsein so individuell einmalig und entwicklungsabhängig sind, inwieweit läßt sich dann das Phänomen Bewußtsein überhaupt fassen?

Bewußtes und Unbewußtes

Sprachlich wird zwischen »bewußt« und »Bewußtsein«, »unbewußt« und »Unbewußtes« (auch »Unterbewußtes«) nicht immer klar unterschieden. Dem gebräuchlichsten, allerdings teilweise inkonsequenten Sprachgebrauch folgend, bezeichne ich mit »Bewußtsein« die Gesamtheit des Bewußten *und* Unbewußten, mit »bewußt« alles, was *nicht* unbewußt ist. Folglich verhalten sich – semantisch wenig überzeugend – Bewußtes (das »Wachbewußtsein«) und Bewußtsein zueinander wie Teil und Ganzes. Das ist linguistisch unbefriedigend, hat sich aber leider so eingebürgert.

Unser Wissen über das menschliche Bewußtsein liegt vermutlich ebenso tief im Dunkeln, wie wir es im Bereich der Physik für Materie und Energie annehmen müssen. Allerdings nennen wir hier den dunklen, unbekannten Anteil nicht das »dunkle Bewußtsein« – analog zur »dunklen Energie« –, sondern eben das Unbewußte. Dennoch trifft die Analogie in doppelter Hinsicht zu: Bewußtes und Unbewußtes sind genauso Teile eines einheitlichen Ganzen wie die bekannten und unbekannten Anteile der Energie. Und auch hier läßt sich die Existenz des unbewußten Anteils lediglich indirekt erschließen.

Wichtige Ansätze dazu haben Sigmund Freud, C. G. Jung und Erich Neumann als Begründer und Wegbereiter der Psychoanalyse und Tiefenpsychologie geliefert. Damit haben sie einen neuen und vertieften Zugang zum Verständnis der Bedeutung und der Wirkungsweise des Unbewußten als dem Urgrund des Bewußtseins sowie zu der engen Verbindung zwischen Bewußtem und Unbewußtem eröffnet. Bis dahin waren die Existenz und das oft übermächtige Wirken des Unbewußten vor allem der Bereich der großen Denker, Dichter und Schriftsteller gewesen (Sophokles,

Dante, Shakespeare, Dostojewski, um nur einige besonders prominente zu nennen).

Bewußtes und Unbewußtes sind nicht nur eng aufeinander bezogene Partner, sie beeinflussen und durchdringen einander auch unablässig. Wie leicht und unbeabsichtigt Bewußtes ins Unbewußte abtauchen, d. h., vergessen, verdrängt oder unterdrückt werden kann, erfahren wir täglich, ebenso dessen Umkehrung: daß etwas plötzlich und ohne unser bewußtes Zutun aus dem Unbewußten auftaucht – daß uns »etwas einfällt«.

Ein Sonderfall ist der Schlaf, in dem das Wachbewußtsein ausgeschaltet ist und das Unbewußte im Traum allein regiert. Dabei offenbart es einige bemerkenswerte Eigenschaften. Es konstruiert eigenständig detaillierte, aus der Sicht des Wachbewußtseins surreale, aber in sich schlüssige und bei näherer Analyse oft höchst aufschlußreiche Bildfolgen, häufig mit klar erkennbarem Bezug zu realen, zuvor bewußt erlebten Ereignissen. Damit löst es beim Träumer nach Wiederkehr des Wachbewußtseins nicht selten heftige Reaktionen aus, die in der bewußten Gedankenwelt oder auch körperlich noch lange nachwirken können (Hochstimmung, Panik, Niedergeschlagenheit, Angstschweiß).

Oft erleben wir aber auch einen ähnlich aufschlußreichen Zwischenzustand, wenn wir beim Wachträumen unseren Gedanken freien Lauf lassen. Dann übernimmt zwar das Unbewußte die Abfolge der Gedanken und Bilder, in diesem Fall aber nicht wie im Traum als surreale Zusammenschau, sondern als scheinbar wahllos aneinander gereihte Bildfolge. Irgendwann endet diese in der Zwischenwelt zwischen Bewußtem und Unbewußtem ablaufende Bildfolge damit, daß ein Bild entweder ohne bewußte Absicht vom Wachbewußtsein eingefangen und real weitergedacht wird oder ins Unbewußte absinkt, wo es in einer surrealen Bildkomposition weitergeträumt wird.

Träume geben kurze Einblicke in den offenbar nie ruhenden Prozeß des Auswählens, Sortierens und Einfügens derjenigen vorausgegangenen Eindrücke, die das Gehirn für speicherfähig und erinnerungswürdig befindet. Ob klares Wachbewußtsein oder verschlüsselter Traum, immer ist es die eigene Innenwelt, die sich im jeweiligen Zustand, ebenso wie in ihrer Reaktion darauf, offenbart.

Es scheint, als sei der unermeßlich tiefe und praktisch unbegrenzt aufnahmefähige Speicher des Unbewußten ständig in höchster Erregung und stelle in schöpferischer Autonomie und in einer ihm eigenen Logik unablässig neue Zusammenhänge her, die sich dem Wachbewußtsein entweder als hilfreiche, assoziative Gedankenblitze anbieten oder als lästiges Störfeuer beim Bemühen um Konzentration empfunden werden. Doch gerade in diesem intensiven Austausch zwischen Unbewußtem und Bewußtem liegen die Besonderheit und die hohe Leistungsfähigkeit des menschlichen Gehirns und Bewußtseins. Vor allem das daran wesentlich beteiligte Großhirn besitzt beim menschlichen im Vergleich zu allen anderen Gehirnen die weitaus größte Anzahl von Nervenzellen mit einer nahezu unendlichen Vielfalt flexibler Verknüpfungsmöglichkeiten.

Die ständigen Gedankenblitze aus dem Unbewußten können ebenso hilfreich wie lästig sein. Wir klagen immer wieder darüber, wie schwer es oft ist, sich auf ein bestimmtes Thema oder Objekt zu konzentrieren. Der theoretisch denkbare, praktisch aber wohl unerreichbare Idealfall absoluter Konzentration wäre die totale meditative Versenkung – die völlige gedankliche Fokussierung auf einen imaginären Fixpunkt, in dem schließlich jeglicher Gedankenfluß aufhört und sich im gleichzeitigen »Nichts und Alles« der absoluten inneren Ruhe auflöst.

Die realen Lebensumstände verlangen jedoch einen Mittelweg, der jederzeit ein gewisses Maß an Unkonzentriertheit und damit eine ständige Empfangsbereitschaft nicht nur für hilfreiche Gedankenblitze, sondern, wichtiger noch, für Warnsignale über die vielen kleinen und großen Gefahren zuläßt, denen wir unablässig ausgesetzt sind, sowohl durch äußere Bedrohungen wie durch eigene Unachtsamkeit. Diese Art von biologischer Lebensversicherung verlangt eine Balance zwischen Konzentration und Unkonzentriertheit, wie sie nur ein ständiger dynamischer Austausch zwischen Bewußtem und Unbewußtem herstellen kann.

Diese buchstäblich Tag und Nacht brodelnde Dynamik enthält zwei sehr unterschiedliche Arten von Informationen: das genetische Erbe (die Instinkte und die Dispositionen für besondere geistige und körperliche Fähigkeiten) sowie alles, was durch bewußte und unbewußte Wahrnehmung von außen eingeprägt und gespeichert wurde. Das genetische Erbe wird vom Unbewußten allein verwaltet; das durch Prägung Hinzugekommene ergänzt, vervollständigt und vereint die beiden Sphären des Bewußten und Unbewußten zur Ganzheit des Bewußtseins.

Es würde zu weit führen, an dieser Stelle auf weitere Details einzugehen. Insbesondere die neurologische Forschung hat in jüngster Zeit unsere Kenntnisse auf diesem Gebiet wesentlich bereichert. Gute Übersichten mit zahlreichen Literaturangaben bieten Antonio Damasios »Selbst ist der Mensch« sowie der von Tobias Bonhoeffer und Peter Gruss herausgegebene Band »Zukunft Gehirn«.

Wichtig für die folgenden Erörterungen ist vor allem das Wissen um die Existenz, die unergründliche Tiefe und die kaum zu überschätzende Bedeutung des unbewußten Anteils unseres Bewußtseins für alle individuellen und kollektiven Lebensäußerungen sowie für die menschliche Kulturentwicklung insgesamt.

Wie das Beispiel des Traums besonders eindrücklich bestätigt, sind Bewußtes und Unbewußtes nicht nur Teile desselben Speichers, sie stehen auch über fließende Grenzen in ständigem Austausch miteinander und steuern und füttern einander gegenseitig. Wie weit die Möglichkeiten dieses Ineinanderwirkens reichen, läßt sich daran ermessen, wie tief beispielsweise bewußt eingeübtes Klavierspiel in die unbewußt ablaufenden Fingerfertigkeiten eines Pianisten übergehen oder, in der Gegenrichtung, wie lange der Schreck eines Alptraums im Wachzustand nachwirken kann.

Sowohl das individuelle wie das kollektive Unbewußte können aber auch so übermächtig werden, daß einzelne Personen, Personengruppen oder ganze Völker davon völlig überwältigt werden – in positiver Richtung etwa in Form einer »genialen Eingebung«, in negativer Richtung bis zum kollektiven Wahn eines Tötungs- oder Kriegsrauschs.

Dieser Doppelaspekt des Bewußtseins wird für die Schlußfolgerungen am Ende des Buches von besonderer Bedeutung sein.

Individuelles und kollektives Bewußtsein

Auf unserer gegenwärtigen, mentalen Stufe des Bewußtseins (S. 116), auf der insbesondere in der »westlichen Welt« ein stark ausgebildetes Ich-Bewußtsein und eine oft extreme Ich-Bezogenheit vorherrschen, wird die Existenz eines individuellen Bewußtseins zumindest implizit als Selbstverständlichkeit vorausgesetzt. Daß dieses individuelle jedoch in enger Wechselwirkung mit einem überindividuellen, kollektiven Bewußtsein steht, wird selten bewußt wahrgenommen. Doch der Mensch ist seiner Natur nach kein Einzelwesen. Er ist, wie alle höheren Primaten, ein sozial vernetztes Gruppenwesen, dessen individuelles Bewußtsein direkt oder indirekt (über prägende Mitmenschen) am kollektiven Erbe der menschlichen Kulturgeschichte teilhat. Lediglich die konkrete Ausprägung dieses Erbes wird von den persönlichen Lebensumständen und der jeweiligen genetischen Konstitution bestimmt.

Jedes Individuum ist somit Träger eines Teils des kollektiven Erbes. Die Gesamtheit dieses Erbes stellt den jeweiligen Stand der kulturellen Evolution dar. Dabei wird in der individuellen ebenso wie in der kollektiven Menschheitsentwicklung ständig Älteres von neu Hinzukommendem überdeckt. Zum Schutz vor Überfrachtung werden deshalb Teile des Älteren entweder ganz gelöscht oder, soweit es nicht ohnehin bereits im Unbewußten angesiedelt ist, von der bewußten mehr oder weniger tief in die unbewußte Sphäre verschoben. Letztere besitzt offenbar die ungleich größere Speicherkapazität.

Bis zur Erfindung der Schrift bestand das kollektive Bewußtsein aus mündlich überlieferten Mythen, Sitten, Riten, technischen Fähigkeiten und wissenschaftlichen Erkenntnissen. Jeder konnte so viel davon aufnehmen, wie ihm durch soziale Stellung und persönliche Kontakte zugänglich war. Das hat sich jedoch mit der Einführung der Schrift und viel mehr noch mit der elektronischen Kommunikation und Datenspeicherung grundlegend geändert. Prinzipiell steht heute jedem Erdenbürger das gesamte Erbe der bisherigen kulturellen Evolution, ob Literatur, Musik, Wissenschaft, Technik oder sonstige Errungenschaft, zur

Verfügung. Geringfügige Ausnahmen sind lediglich politische, militärische oder wirtschaftliche Geheimdokumente, deren allgemeiner Wert jedoch zeitlich und inhaltlich äußerst begrenzt ist.

Die gedruckten und elektronischen Speicher sowie ihre universelle Zugänglichkeit bereichern das kollektive, schmälern aber das individuelle, in der einzelnen Person vorhandene Wissen erheblich. Der einzelne ist – und die überwiegende Mehrheit fühlt sich – immer weniger vom eigenen Gedächtnis abhängig. Das kulturelle Gedächtnis früherer, vorschriftlicher Kulturen war mündlich und rituell tradierte »Wiederholung und Vergegenwärtigung« des kollektiven Erbes (Jan Assmann: »Das kulturelle Gedächtnis«). Davon ist heute nicht viel mehr als das religiöse Ritual übriggeblieben. Das kulturelle Gedächtnis wird zunehmend aus menschlichen Gehirnen in externe Speicher verlagert. Entsprechend reduziert sich das individuelle Gedächtnis immer mehr auf persönliche Erlebnisse, Interessen und Sehnsüchte sowie die Bedienungskompetenz für elektronische und andere technische Geräte.

Ziel jedes Schul- und Hochschulunterrichts sollte es sein, eine breite und verläßliche Basis für soziale Teilhabe sowie solide Grundkenntnisse (»Allgemeinbildung«) bzw. Fachkompetenz zu vermitteln, die jederzeit aus dem persönlichen Gedächtnis abrufbar sind. Der Trend geht jedoch immer mehr in Richtung auf Kompetenzerwerb für das Abrufen und Zusammenstellen von Detailinformationen aus einem ständig erweiterten, allgemein zugänglichen digitalen Datenspeicher (Spitzer: »Digitale Demenz«).

Doch wo bleibt dabei die Kompetenz für die Qualitätsbewertung? Wer kann noch zuverlässige von unzuverlässigen, sachlich korrekte von falschen oder gefälschten Daten unterscheiden, erst recht wenn diese aus anonymer

Quelle stammen? Und wer ist unter diesen Bedingungen überhaupt noch das selbstbestimmte, aus sich heraus schöpferische und wertende, sich seiner selbst bewußte und in Relation zum Ganzen setzende Ich? Sollen das nur noch Ausnahmen in Vertretung für alle übrigen sein?

Die Konsequenzen dieser Entwicklung für das heutige individuelle und kollektive Bewußtsein werden Gegenstand eines der folgenden Abschnitte sein (S. 116). Zum besseren Verständnis werde ich dem jedoch einen kurzen Abriß der Entwicklung, die zum jetzigen Stand geführt hat, voranstellen.

Dynamik, Plastizität und Grenzen des Bewußtseins

Wie alle übrigen Aspekte der biologischen und kulturellen Evolution hat sich auch das Bewußtsein nicht sprunghaft, sondern graduell entwickelt. Obwohl wir keine unmittelbaren Bewußtseinsäußerungen der Menschen aus vorschriftlicher Zeit besitzen, können wir doch aus zahllosen archäologischen Funden wertvolle indirekte Rückschlüsse auf frühere Entwicklungsschritte ziehen. Besonders hilfreich sind dabei Funde und Berichte aus Kulturkreisen, die vor und nach Beginn von schriftlichen Aufzeichnungen fast immer auf fließende Übergänge hinweisen.

Trotz dieser weitgehenden Kontinuität ist unser rationales, in überschaubare Teile zerlegendes Denken gewohnt, historische Entwicklungen in Epochen zu unterteilen. Das schafft Übersicht, trübt aber meistens den Blick und erst recht das Verständnis für die inneren evolutionären Zusammenhänge. Das gilt uneingeschränkt auch für die Entwicklung des menschlichen Bewußtseins, bei der jede neue Stufe bzw. Epoche auf der vorhergehenden aufbaut und alle früheren Stufen mit der hinzukommenden vereinigt. Dafür sprechen allein schon die Dynamik und die Plastizität, mit der das Bewußtsein laufend Neues in das bereits Vorhandene einpaßt und so auch neue Zusammenhänge und Bewertungen schafft.

Wie anpassungsfähig an die jeweiligen Prägungsumstände und wie allgemein form- und veränderbar das Bewußtsein ist, habe ich in den vorausgehenden Abschnitten deutlich zu machen versucht. Die Plastizität, die, wenn auch mit dem Alter abnehmend, lebenslanges Lernen und Umlernen ermöglicht, ist einerseits unerläßliche Voraussetzung für die Persönlichkeitsentwicklung sowie für die individuelle und kollektive Anpassung an sich verändernde Lebensbedingungen. Andererseits birgt sie aber auch die ständige Gefahr der Fremdbestimmung, die von scheinbar harmloser, nicht einmal bewußt wahrgenommener Beeinflussung, wie nachteiliger Erziehung oder versteckter Werbung, bis zum Extrem einer völligen Persönlichkeitsveränderung durch Gehirnwäsche reichen kann.

In eben dieser hohen Anpassungsfähigkeit an die Prägungsumstände liegt aber zugleich auch ein weiteres unausweichliches Problem. Je intensiver eingeprägt und je fester verankert die einmal gebildeten Gefühls-, Gedanken- und Vorstellungswelten von dem sind, was ist und wie es sein sollte, um so fester ist auch der Wille, auf ihnen zu beharren und sie zu verteidigen. Ideologische Verhärtungen, im Kleinen wie im Großen, sind alles andere als Abnormitäten. Jeder trägt seine Version als persönliches Prägungsergebnis in sich.

Diese Vor- und Nachteile der Plastizität sind unauflöslich miteinander verbunden. Zusammen waren und sind sie die Grundlage der hellen ebenso wie der dunklen Seiten unserer Bewußtseins- und Kulturgeschichte. Doch je klarer wir uns der Nachteile dieses unvermeidlichen Doppelaspekts bewußt sind, desto besser sind wir gegen ihre Gefahren gewappnet. Und schließlich hilft uns dieser Doppelaspekt auch, die Grenzen unseres Bewußtseins wahrzunehmen. In beiden Richtungen, der hellen wie der dunklen Seite, sind diese Grenzen sowohl biologisch wie historisch bedingt.

Die biologischen Grenzen liegen in der Struktur und Funktion unseres Gehirns begründet. Dessen Leistungen, einschließlich des genetisch festgelegten Anteils im Unbewußten, sind ganz auf unseren sinnlich erfaßbaren, mesokosmischen Lebensbereich ausgerichtet (S. 66). Innerhalb dieses Bereichs scheint zwar zumindest das Unbewußte durch keine grundsätzlichen Kapazitätsgrenzen eingeschränkt zu sein. Doch was nicht entweder durch bewußte oder unbewußte Wahrnehmung mit den uns verfügbaren Sinnen aufgenommen wurde, kann selbst aus dem tiefsten Speicher des Unbewußten nicht abgerufen werden: »Man sieht nur, was man weiß«.

Alles Sehen, Hören und sonstige Wahrnehmen der Außenwelt geschieht im eigenen Inneren, ist ein aufgrund individueller Mitgift und Erfahrungen gestaltetes Bild einer vorgestellten Wirklichkeit – nebenbei ein weiterer Hinweis darauf, daß es absolutes, allgemein und für immer gültiges Wissen nicht geben kann.

Die historischen Grenzen ergeben sich unmittelbar aus den biologischen. Erst mußte die biologische Evolution ein so komplexes und leistungsfähiges Gehirn wie das des Homo sapiens hervorgebracht haben, bevor sich ein höheres Bewußtsein überhaupt entwickeln konnte. Ent-wicklung oder Ent-faltung stehen bildhaft für den dynamischen Prozeß des sich Öffnens, sich Erweiterns und sich Anreicherns. So ist unsere derzeitige mentale Bewußtseinsstufe lediglich ein Übergangszustand in der langen historischen Entwicklung, allerdings mit zwei Besonderheiten: Zum ersten Mal in dieser Entwicklung haben sich die äußeren Rahmenbedingungen für ihre Fortsetzung durch unser eigenes Verhalten auf bisher nie dagewesene Weise verändert; und zugleich hat unser Bewußtsein ein Entwicklungsstadium erreicht, das es erstmals erlaubt, dies auch zweifelsfrei zu erkennen und mit geeigneten Maßnahmen darauf zu reagieren.

Der Schlüssel zu dieser Erkenntnis und zu einer angemessenen Reaktion darauf liegt in der Beobachtung unseres Bewußtseins aus historischer Perspektive. Das früheste Stadium, auf das wir dabei wenigstens andeutungsweise zurückblicken können, ist das noch rein instinkthafte, archaische Vorbewußtsein, jener Zustand, der in späteren Zeiten so vielfältig mythologisch verklärt, als »paradiesisch« gepriesen und im religiösen Kontext als »ewige Glückseligkeit« zurückersehnt wurde und wird.

Archaisches Leben im Paradies

Ursprünglich bezeichnete »Paradies« einen umfriedeten Hof, Garten oder Park. In vielen Religionen wurde daraus in unterschiedlichen Versionen die Metapher für einen gesonderten Ort oder Zustand himmlischen Friedens und absoluter Harmonie zwischen Schöpfer und Geschöpfen. Soweit sich unser gegenwärtiger, rationaler Intellekt überhaupt noch ein ursprüngliches, allem bewußten Denken vorausgehendes »unbewußtes Bewußtsein« vorstellen kann, könnte es durchaus dieser späteren mythologischen Verklärung ähnlich gewesen sein: ein Zustand gefühlter Geborgenheit und ungeschiedener Zugehörigkeit zur umgebenden Natur. Mensch und Natur sind vollkommen eins – in jüdischchristlicher Terminologie die reine, kindliche Unschuld und Freiheit von Sünde.

Der biblische »Sündenfall«, die Vertreibung aus dem Paradies als Reaktion auf das Essen vom Baum der Erkenntnis von Gut und Böse, beschreibt in eindrücklicher Symbolik den Übergang von einer derart archaisch-paradiesischen Vorbewußtseinsstufe in die Anfänge einer bewußten Wahrnehmung: »Da gingen ihnen die Augen auf, und sie wurden gewahr, daß sie nackt waren.« Mit weniger poetischen Worten: Sie wurden sich ihrer selbst und ihrer Verschiedenheit von allen übrigen Kreaturen bewußt. Sie erkannten, daß unter den Geschöpfen nicht nur Harmonie, sondern auch Bedrohung, Kampf und Feindschaft herrschen, daß Leben nicht ohne Sterben möglich ist: »Siehe, der Mensch ... weiß, was gut und böse ist.« Unter der Mühsal des sich »Nährens vom Kraut des Feldes und der Schmerzen des Gebärens« entschwand das Paradies ins Transzendente. Der fortan »mit der Flamme des zuckenden Schwertes« bewachte Baum des ewigen Lebens wurde zur Erkenntnis des sterben Müssens (Gen. 3ff.).

Und mit diesem Wissen kam auch das wertende Ge-Wissen in ihr Leben. Nachdem ihnen die Augen aufgegangen waren, »verbarg sich der Mensch mit seinem Weibe ... unter den Bäumen im Garten«. Sie hatten ein »schlechtes Gewissen«.

Naturgemäß kann das Paradies nur die nachträgliche, bewußte Interpretation einer Utopie, eines noch bewußt-losen »paradiesischen Zustands« gewesen sein. Immerhin ist die Symbolik des Essens vom Baum der Erkenntnis und der Vertreibung aus dem Paradies mit den jeweiligen Konsequenzen eine bemerkenswert frühe Deutung der menschlichen Bewußtseinsentwicklung als evolutionären Prozeß.

Inzwischen läßt es unsere mentale Bewußtseinsstruktur kaum noch zu, uns einigermaßen realitätsnah in diese rational nicht faßbare, vorbewußte Ausgangslage zurückzuversetzen. Doch als vielfach überlagerter, in der Tiefe jedoch immer mitschwingender Urgrund aller darauf aufbauenden Bewußtseinsformen ist uns dieser Zustand in besonderen Situationen zumindest annäherungsweise auch jetzt noch gegenwärtig. Das kann ein intensives Naturerlebnis, tiefe musikalische oder religiöse Versenkung, das Einsfühlen mit einem anderen Menschen oder vieles andere sein, was bewußtes Denken zugunsten reinen Empfindens ausschaltet.

Je nach Veranlagung, Erfahrung, Gefühlslage und äußeren Bedingungen kann jedes derartige Erlebnis nur ganz individuell und einmalig auftreten.

Ein eigenes Naturerlebnis dieser Art war beispielsweise ein langer, eindringlicher Blickkontakt mit einem jungen Gorilla, der im Zoo hinter einer Glasscheibe saß und mich aus nächster Nähe ebenso unverwandt ansah wie ich ihn. Sein ruhiger, ganz auf mich fokussierter Blick vermittelte eine so vereinnahmende emotionale Nähe und Vertrautheit, daß sich mein anfängliches rationales Denken (Nimmt er überhaupt wahr, wie sehr mich sein Blick fesselt? Ob und was er wohl »denkt«? Klagt er mich an, weil er im Käfig sitzt und ich frei bin?) völlig in diesem Blickkontakt verlor und für eine Weile nichts mehr existierte als das Gefühl absoluten Einsseins mit ihm und durch ihn hindurch mit »allem Sein« – nichts denkend, nur noch empfindend.

Doch solche Erlebnisse sind nur noch äußerst seltene Momente, die trotz aller Annäherung an das Vorbewußtsein weit entfernt sind von einer tatsächlichen Rückkehr in ein Bewußtseinsstadium, in dem das uns heute so selbstverständliche rationale Denken noch gänzlich abwesend war.

So eindrücklich die Symbolik des Sündenfalls auch ist – die Verführung Evas durch die Schlange als dem Sinnbild von Klugheit, List und Sünde; der Baum der Erkenntnis als Hort der bewußten Wahrnehmung; die Vertreibung aus dem Paradies als dem Zustand des vorbewußten Einsseins mit der Natur –, eine dynamische Entwicklung kommt darin nicht vor. Im Gegenteil: hier wird eine vermutlich viele Jahrtausende während Abfolge kleiner Schritte in einem einzigen, dramatischen Schlüsselereignis der Menschheitsgeschichte zusammengefaßt. Tatsächlich dürfte allein der weite Weg vom gänzlich vorbewußten Zustand über eine noch ichlos erlebte Einbindung in die Familie, Sippe oder Gruppe bis zum seiner selbst bewußten Ich über viele Stufen geführt haben, auf denen die Welt mehr und mehr als das Wirken unergründlicher magischer Kräfte erlebt wurde.

Magische Beschwörung von Geistern und Dämonen

Diese magischen Kräfte überhaupt zu empfinden, war bereits ein erster Schritt, aus dem Zustand totaler Ungeschiedenheit von »allem Sein« herauszutreten. Indem die Menschen begannen, sich aus der paradiesischen Einheit zu lösen, gewahrten sie die Dualität zwischen der weiterhin ich-losen Unität ihrer Gruppe und der übrigen Welt. Sie erkannten, daß sie »nackt waren« vor den ihnen gegenüberstehenden Mächten und sich ihrer erwehren mußten. Gegen-über-stehen beschreibt die Situation treffend: Der kleinen Gruppe, die sich plötzlich fremden Mächten ausgesetzt sah, mußte die überwältigende Größe, Vielfalt und Fremdheit ihrer Umwelt nicht nur als Gegen-satz, sondern auch als Über-macht erscheinen.

Diese neuartige, bis dahin nicht gekannte Macht verlangte nach einer schützenden Gegenmacht, nach einem aktiven, allen fremden Kräften entgegenwirkenden Wollen und Handeln. Zwar erschien auch weiterhin alles miteinander verwoben, nun jedoch nicht mehr als undifferenzierte Einheit und absolute Harmonie.

Mit dem Erkennen der Gegensätze zwischen Gruppeneinheit und Fremdheit, Macht und Gegenmacht, Gut und Böse, begann der Mensch, sich vom passiven, ich- und willenlosen Objekt zum wollenden, sich seiner Mitwelt aktiv bemächtigenden Subjekt zu entwickeln. Er wurde zum frühen Vorfahr des faustischen Machers, der sich die Erde untertan macht. Vorerst erlebte er die ihn umgebende Natur allerdings noch als unergründliches Gespinst magischer Kräfte, die mit entsprechenden Gegenkräften gebannt werden mußten. Magischen Kräften mußte mit magischer Beschwörung entgegnet werden, und da allem magische Kräfte innewohnten, mußten auch allem bannende Abwehrkräfte entgegen gesetzt werden.

Die Menschen dieser Bewußtseinsstufe haben uns eine Fülle von Zeugnissen ihrer verschiedenen Formen von Beschwörung, Besänftigung und Verehrung hinterlassen: Höhlen- und offene Felsmalereien, Grabanlagen mit kunstvollen Beigaben sowie zahllose sonstige Kunstgegenstände aus Stein, Knochen, Holz oder Ton, die noch bis in die Zeit der Neandertaler zurückreichen. Da jedoch ihre magische Bedeutung und Wirkung mit unserem heutigen rationalen Verstand nicht zu erfassen sind, bleibt uns nur, sie möglichst frei von verstandesgeleitetem Denken und Interpretieren aus sich selbst heraus auf uns wirken zu lassen (Abbildungen 3 und 4 auf S. 72/73).

Wiederum dürfte es ein weiter Weg gewesen sein von diesen Frühformen bannender Beschwörung undefinierbarer und omnipräsenter magischer Kräfte bis zur Assoziation einzelner Kräfte mit Objekten oder Objektgruppen der natürlichen Umwelt. Das konnte alles sein, was als besonders eindrucksvoll und deshalb als »heilig« wahrgenommen wurde: ausgewählte Steine, Pflanzen, Tiere, Quellen, Grotten, Berge oder Himmelskörper. Nachdem jedoch derartige Assoziationen erst einmal feste Bestandteile des magischen Bewußtseins geworden waren, haben sich viele von ihnen über lange Zeiträume, nicht wenige bis in unsere Tage erhalten.

Die Projektion der eigenen geistig-seelischen Innenwelt auf eine unergründliche und potentiell gefährliche, aber auch lebenserhaltende Außenwelt war und ist bis heute für alle Bewußtseinsstadien charakteristisch. Auf der Stufe des magischen Bewußtseins verlieh sie allen außermenschlichen Objekten die gleiche Art von allumfassender Beseeltheit, wie sie auch die eigene Gruppe besaß. Das ganze Spektrum des seelischen Innenlebens wurde in eine Welt voller Geister und Dämonen gespiegelt, die je nach Art der Behandlung hilfreich oder zerstörerisch in das eigene oder in fremdes Schicksal eingreifen konnten. Und je mehr sich dabei allmählich eine frühe Form von Abstraktion entwickelte, desto mehr wurden auch gedankliche Konstrukte mit einbezogen: magische Zahlen, bedeutungsvolle Planetenkonstellationen sowie zahllose andere Glücks- und Unglückskünder.

Noch heute, im vermeintlich so rational-aufgeklärten 21. Jahrhundert, wird die »Unglückszahl 13« in der Wagenfolge der ICE-Züge übersprungen, und in manchen Hotels fehlen die Zimmer und Etagen Nr. 13. Jede Illustrierte bringt ihr obligatorisches Wochen- oder Monatshoroskop. Heilige Orte, Gegenstände und Handlungen mit magischer Wirkung sowie Glücks- und Unglücksbringer aller Art gibt es in allen Kulturen, ganz gleich ob »primitiv« oder »aufgeklärt«. Noch immer klopfen viele Zeitgenossen bei bestimmten Äußerungen dreimal auf Holz, häufig mit dem Zusatz: »Ich bin ja nicht abergläubisch, aber ...« Und noch immer riskieren Wilddiebe ihr Leben und erzielen im Erfolgsfall Höchstpreise für Rhinozeroshorn oder Tigerpenis, die in asiatischen Ländern als Wunderheilmittel oder lustverheißende Aphrodisiaka gehandelt werden – bis auch die letzten dieser vermeintlichen »Glücksbringer« ausgerottet sind.

Ein universelles, offenbar zeitloses Phänomen ist die magische Anziehung von Massenansammlungen, Kultpersonen oder -gegenständen, Feindbildern und Katastrophenorten. Ausschlaggebend ist die Höhe des Erregungspotentials. Bis zur Besinnungslosigkeit können massenhysterisches Bejubeln oder Verteufeln politischer, sportlicher und anderer Idole oder Sündenböcke und das Schwenken oder Verbrennen von Nationalflaggen reichen. Nicht weniger magisch wirksam können aber auch rein persönlich-emotional berührende Erlebnisse sein, die keineswegs mit Magie im heutigen Wortsinn, wohl aber mit der magischen Bewußtseinsstruktur in ihrer ursprünglichen Form vergleichbar sind.

So stellen zum Beispiel Voodoo-Anhänger am Strand von Copacabana und Christen in den benachbarten Kirchen von Rio de Janeiro allabendlich brennende Kerzen für die Seelen ihrer Verstorbenen auf. Auch wenn die religiösen Gedankenwelten weit auseinander liegen, zeigt doch die auffällige äußere Übereinstimmung, daß das emotionale Erleben einer spirituellen Verbindung zwischen der eigenen und den Seelen von Verstorbenen, vermittelt durch die magische Wirkung einer Kerzenflamme, letztlich das gleiche ist.

Auch in unserer Zeit eines überwiegend rationalen Denkens hat das magische Bewußtsein keineswegs seine eminente Bedeutung für den Umgang mit uns selbst, mit anderen Menschen und mit der übrigen Natur eingebüßt. Es hat lediglich seine ursprüngliche Dominanz an die nachfolgenden Bewußtseinsformen abgegeben und seine Wirkung auf das darunterliegende Fundament verlegt. Solange es seine ursprüngliche Form des Erschauerns vor der Größe alles Unbekannten und potentiell Übermächtigen sowie des Suchens nach Zugang, Schutz und Einbindung beibehält, ist es auch weiterhin eine wesentliche Grundlage unserer Lebensbewältigung. Entwertet wird es erst, wenn es in schwarzer Magie und Zauberei ausartet.

Bevor jedoch eine derartige Entwertung überhand nehmen konnte, begann in der Spätphase der magischen Bewußtseinsstufe bereits ihre Überlagerung durch eine neue, mythische Form der Einbindung in die Welt. Deren zunächst noch verborgener Keim war bereits in der Magie der Riten angelegt. Denn je mehr die Riten sich verfestigten und traditionsgebundene, sakrale Formen annahmen, desto nachdrücklicher drängten sie auf spirituelle Deutung und Erhöhung.

Mythische Spiegelung in der Götterwelt

Die spirituelle Deutung mündete in der Vorstellung einer nach menschlichem Muster gestalteten Gegenwelt unsterblicher Götter; die spirituelle Erhöhung in deren Ansiedlung in Regionen, die für Menschen entweder unzugänglich oder heilig und somit tabu waren: Himmel, Bergspitzen, Ozean, Unterwelt, innere Tempelbezirke.

Die Projektion der eigenen Innenwelt verlagerte sich von der unmittelbar sinnlich erfahrbaren Außenwelt auf eine übersinnliche, nur noch geistig-seelisch vorstellbare Götterwelt. Die bis dahin undefinierbaren, magisch verwobenen Mächte nahmen die Struktur eines geordneten Machtgefüges an, dessen personifizierte Verkörperung ein Pantheon von Göttern und Göttinnen mit definierten Zuständigkeiten war.

Auch dies war jedoch kein abrupter Wechsel von einem magischen zu einem mythischen Bewußtseinszustand. Es war wiederum ein allmählicher Übergang, während dessen die Götter zugleich himmlische und irdische Wesen sein konnten, sich zur Tarnung in Menschen, Tiere oder Pflanzen verwandeln, mit den Menschen sprechen, ihnen beistehen oder sie vernichten und ihnen Ratschläge oder Aufträge erteilen konnten.

Die hierarchische Struktur dieser Götterwelt und die Bedeutung der einzelnen Götter für die Menschen waren unmittelbare Kopien der irdischen Verhältnisse. Ob es sich um eine matriarchale oder patriarchale Gesellschaftsform, ein Leben in der Wüste, im Wald, im Flußtal, in einer Berg- oder Küstenregion handelte – die Götterwelt war jeweils das Spiegelbild der eigenen Lebenswelt. Alle auf die Götter projizierten Herrschaftsstrukturen, Zuständigkeiten, Handlungsweisen und Empfindungen, wie Dominanz und Unterordnung, Gunst und Mißgunst, Besonnenheit und Übermut, Verläßlichkeit und Willkür, Treue und Verrat, Liebe und Haß entsprachen, mehr oder weniger mythisch ausgeschmückt, den eigenen Erfahrungen.

Die entscheidenden Unterschiede zwischen göttlicher und menschlicher Sphäre waren Macht anstelle von Ohnmacht, Allgegenwärtigkeit anstelle von irdischer Orts- und Zeitgebundenheit und Unsterblichkeit anstelle von leiblicher Vergänglichkeit.

In dieser Radikalität muß die Entwicklung vom magischen zum mythischen Bewußtsein, wenn auch ein allmählicher Prozeß, so doch ein gewaltiger Sprung in der menschlichen Kulturgeschichte gewesen sein: vom passiven Empfinden magischer Kräfte zum aktiven Vorstellen einer komplexen Götterwelt, die sämtliche psychisch und physisch wirksamen Mächte repräsentierte. Die mutmaßlichen Auslöser dieser Entwicklung, die Riten der Beschwörung, Besänftigung und Verehrung, waren geblieben. Aber die alles durchdringenden und alles bestimmenden Kräfte wurden nun nicht mehr als magisches Gespinst, sondern als Wirksphäre mythologisch verklärter Göttergestalten erlebt.

»Mythos« bedeutet ursprünglich »Wort, Rede, Sage, Erzählung«. Mythen sind demnach in Worte gefaßte Gedanken oder Vorstellungen. In der europäischen Kultur am stärksten verwurzelt sind die Mythen der griechischen und römischen Antike. Schon bald nach Homers klassischen Epen wurden sie von Hesiod in seiner »Theogonie«, später von Ovid unter dem bezeichnenden Titel »Metamorphosen« in allen Details und dynamischen Veränderungen beschrieben. Diese Mythen waren jedoch keine völligen Neuschöpfungen der ersten europäischen Hochkulturen. Sie waren auch ihrerseits stark von früheren alteuropäischen, vorderasiatischen und ägyptischen Mythen und Glaubensvorstellungen geprägt.

Noch heute besteht ein großer Teil der christlichen Religionssymbolik aus jahrtausendealten Vorbildern der ägyptischen und vorderasiatischen Mythologie. Zur Illustration beschränke ich mich auf wenige Beispiele aus der ägyptisch-jüdisch-christlichen Traditionslinie und weise im übrigen auf die ausführlichen Abhandlungen von Manfred Görg, Jan Assmann und Othmar Keel hin. Diese Traditionslinie weist zwei interessante Besonderheiten auf: Über keine der frühen Hochkulturen sind wir so gut und über einen so langen Zeitraum informiert wie über die ägyptische; und trotz aller Unterschiede in den Glaubensinhalten sind die Übereinstimmungen in der Bildsymbolik und in den sprachlichen Formulierungen mit denjenigen des Christentums frappierend.

Besonders im Hinblick auf die eminente Bedeutung, die ganz allgemein der Bild- und Sprachsymbolik zukommt (S. 41), ist es interessant festzustellen, wie weit die Entstehungsgeschichte vieler noch heute gültiger christlicher Symbole zurückreicht. Unmittelbar auffallend sind die Sonne, die Gottesmutter und der Gottessohn sowie zahlreiche Tiersymbole. Es fällt nicht schwer, sich die Ursprünge der jeweiligen Bedeutungszuweisung auf der magischen Bewußtseinsstufe vorzustellen: die Sonne als das lebensspendende, jegliche irdische und kosmische Ordnung regierende Prinzip; Mutter und Kind als Repräsentanten von Fruchtbarkeit und Kontinuität des Lebens; und Tiere als Verkörperungen besonders markanter physischer oder psychischer Wesensmerkmale, wie sie sich auch in den Tierkreiszeichen bis heute erhalten haben.

In der ägyptischen Religionsgeschichte wurden aus Sonne / Vater, Mutter und Kind drei zentrale Göttergestalten: der alles beherrschende Sonnengott Re (später in der Dreiheit Cheper-Re-Atum für die drei symbolträchtigen Phasen der aufgehenden, hochstehenden und untergehenden Sonne), die Gottesmutter Isis und ihr Gottessohn Horus, dessen irdische Inkarnation im Pharao die Verbindung zur Menschenwelt darstellte und auf die postume Aufnahme des Pharaos in die Götterwelt vorauswies.

Obwohl weder der ägyptische Sonnengott Re noch die Gottesmutter Isis oder ihr göttlicher Sohn Horus bezüglich der mit ihnen assoziierten Glaubensinhalte mit ihren christlichen Entsprechungen vergleichbar sind, ist die Tradition der Bildsymbolik auch in dieser Hinsicht bemerkenswert und keineswegs zufällig. Das wird besonders deutlich, wenn man die schriftlichen Aussagen des hebräischen Alten Testaments und des christlichen Neuen Testaments mit den altägyptischen Quellen vergleicht. Für Näheres hierzu verweise ich auf Manfred Görgs »Mythos, Glaube und Geschichte – Die Bilder des christlichen Credo und ihre Wurzeln im alten Ägypten«, in dem er diesen Vergleich für jede einzelne Aussage des christlichen Glaubensbekenntnisses anstellt.

Demnach ist jeder Teil dieses Glaubensbekenntnisses betroffen: der allmächtige Vater, der Schöpfer des Himmels und der Erde, die Trinität, die Gottesmutter, die Jungfrauengeburt, der eingeborene Sohn, das Reich des Todes, die Auferstehung, der Sitz zur Rechten Gottes und viele weitere Details. Die fast wörtliche Übereinstimmung etlicher Passagen im Alten Testament, insbesondere in den Psalmen und Sprüchen, mit den Ägyptischen Hymnen und Gebeten (zitiert nach Jan Assmann bei Manfred Görg) sind verblüffend. Und in beiden Fällen finden sich wiederum bemerkenswerte Parallelen und mutmaßliche Vorläufer in den Nachbarkulturen des Vorderen Orients (Burkert, Keel).

Doch es sei nochmals betont: Es sind die ikonographischen Darstellungsformen, die in langer Tradition aus magischen Assoziationen und mythischen Verklärungen hervorgegangen und über viele Jahrtausende im wesentlichen unverändert erhalten geblieben sind, während sich die damit verbundenen religiösen Aussagen tiefgreifend verändert haben.

Der oft falkenköpfig dargestellte Sonnengott Re ist ein typisches Beispiel für die häufig sehr lange Lebensdauer mythologischer Darstellungen. Nachdem der magische Bewußtseinszustand erst einmal bestimmte Wesensmerkmale mit charakteristischen Tiersymbolen assoziiert hatte, wurden diese, soweit sie nicht als solche bestehen blieben, mythologisch zu menschengestalteten Göttern transzendiert, manche mit Tiergesichtern oder Tierkörpern. So symbolisiert der Falke mit dem scharfen Blick und dem schnellen und hohen Flug die Allgegenwart und Allwissenheit des höchsten Gottes. Im Christentum wurde dieses Symbol dann noch weiter auf das »Auge Gottes« im Dreieck der Trinität reduziert. Dagegen haben sich Löwe, Stier und Adler als Symbole für die Evangelisten Johannes, Lukas und Markus bis heute erhalten.

In diesen und zahlreichen anderen Varianten sind die magische und die mythische Bewußtseinsform weit über den religiösen Bereich hinaus auch heute noch präsent, am stärksten bei Kindern und Jugendlichen. Deren Bewußtseinsentwicklung enthält noch genügend Unbefangenheit und Freiraum, um die Botschaften, vor allem von Märchen und Heldensagen, ohne rationale Verfremdung in ihren Kernaussagen zu erfassen. Denn die Botschaften sind, ebenso wie viele religiöse Texte und Legenden, keine rationalen Interpretationen äußerer Begebenheiten. Sie sind mythologisch verfremdete Aussagen über allgemeine psychische Entwicklungsprozesse, Glaubensvorstellungen oder ethische Maximen, die mit historischen Ereignissen oder Personen verknüpft wurden. In Märchen und Heldensagen geht es in erster Linie um das Bestehen von Prüfungen und das Überwinden von Gefahren auf dem Weg zur Persönlichkeitsfindung nach dem Vorbild des kleinen oder großen Helden.

Es wäre interessant und aufschlußreich, den Vergleich zwischen ägyptischer und christlicher Mythologie auch auf solche Kulturen auszudehnen, zu denen beide während ihrer Entstehungszeit keinen Kontakt hatten oder haben konnten, wie die ostasiatischen, altamerikanischen oder australischen.

Auch da wurden die wesentlichen physischen und psychischen Mächte in sinngemäß analogen Symbolen dargestellt.

Offenbar gibt es einen universellen Modus für die Projektion seelischer Empfindungen auf eine vorgestellte Außenwelt. Furchterregende Ungeheuer wie feuerspeiende Drachen und menschenverschlingende Riesen oder verzaubernde Hexen als Schreckbilder des Bösen sowie gütige Feen und weise Vögel als hilfreiche Wesen gehören zu den global verbreiteten Urformen menschlicher Imagination. C. G. Jung, ihr tiefgründiger Erforscher, bezeichnete diese psychisch autonomen Urbilder des kollektiven Unbewußten als Archetypen.

So wie sich der magisch-sinnlich erlebte, unmittelbare Lebensraum allmählich in eine mythisch verklärte, übersinnlich allumfassende Götterwelt weitete, entwickelte sich aus der mythischen *Ver-klärung* allmählich der Drang nach einer rationalen *Er-klärung* der Welt – die Anfänge eines mentalen Bewußtseins machten sich immer deutlicher bemerkbar. Doch weder die magische noch die mythische Bewußtseinsform verloren dadurch an Bedeutung. Sie traten lediglich mehr und mehr in den Hintergrund. Gemeinsam bildeten sie den reichen Nährboden und eine unerläßliche Voraussetzung für den nächsten Schritt in der Bewußtseinsentfaltung.

Zwei der großen Mythenforscher unserer Zeit, Joseph Campbell und Kurt Hübner, der eine mit überwiegend kulturgeschichtlich-anthropologischem, der andere mit mehr philosophisch-systematischem Schwerpunkt, haben an einer Fülle von Beispielen die bis heute andauernde Bedeutung nachgewiesen, die die mythische Weltsicht auch unter der neuzeitlichen Dominanz einer wissenschaftlich-technischen Denk- und Lebensweise besitzt. Beide, wenngleich mit unterschiedlichem Akzent, weisen aber auch auf die Gefahren hin, die mit dem völligen Realitätsverlust verbunden sein können, wenn der Mythos in ein weltfernes Traumleben abgleitet. Sekten und andere esoterische Zirkel als Nachfahren der antiken Mysterienkulte sind auch heute noch florierende Beispiele.

Ähnlich wie beim Übergang vom magischen ins mythische Bewußtseinsstadium wurde auch diese erneute Gefahr, in einer Sackgasse zu enden, durch den nächsten großen Schritt hin zum rationalen Denken überwunden. Nach magisch erfühlter Einbindung in die unmittelbare Mitwelt und mythischer Spiegelung der eigenen Seele in einer allumfassenden Götterwelt fragte nun das erwachende mentale Bewußtsein nach rationalen Erklärungen.

Mentales Vermessen und Rationalisieren der Welt

Soweit es sich rückblickend beurteilen läßt, waren die Himmelsbeobachtungen der vorderasiatischen und ägyptischen Priester ein wichtiger Ausgangspunkt für unsere heutige naturwissenschaftliche Deutung der materiellen Welt. Die Vorschriften für die kultischen Verrichtungen der Gottkönige und ihrer Priester verlangten nach möglichst exakten Bestimmungen von Zeit und Ort des Erscheinens und Verschwindens der Himmelskörper. Schließlich waren sie die sichtbaren Verkörperungen der vielfältigen Aspekte eines unsichtbaren, allgegenwärtigen göttlichen Wirkens »im Himmel und auf Erden«. Um diese Wirkung entfalten zu können, bedurften sie der rituellen Verehrung und Unterstützung durch die Menschen, basierend auf einer jahrtausendelangen priesterlichen Buchführung über die zeitlichen und räumlichen Bewegungen von Sonne, Mond und allen Sternen oder Sternbildern, die unter den damaligen

Umständen beobachtet werden konnten. Als himmlische Wesen mußten sie eo ipso göttliche Funktionen haben.

Diese Beobachtungen dienten als Grundlage zur Berechnung und Festlegung der genauen Zeiten für die streng geregelten Zeremonien und Feste sowie für die bewundernswert exakten Berechnungen von günstigen Standorten und räumlichen Anordnungen für die Sakralbauten und ihre Ausrichtungen nach bedeutungsvollen Sonnenständen und Sternbildkonstellationen. Direkt oder indirekt war damit die kosmische Ordnung zugleich Vorbild und Berechnungsgrundlage für die irdische Ordnung des menschlichen Zusammenlebens, das sich im Bannkreis religiöser und weltlicher Kult- und Machtzentren abspielte.

Ein bemerkenswertes Beispiel sind die Pyramiden von Gizeh, für deren räumliche Ausrichtung und relative Lage zueinander Robert Bauval eine einleuchtende und ausführlich begründete, wenn auch nicht ganz unumstrittene Theorie entwickelt hat. Demnach sind die etwas versetzt hintereinander angeordneten Pyramiden ein präzise berechnetes Abbild der relativen Positionen der drei Zentralgestirne im Gürtel des Sternbilds Orion. Ebenso präzise wurden die räumlichen Ausrichtungen der Pyramiden nach den damaligen Positionen anderer wichtiger Sterne und Sternbilder sowie der Sonne bei Sommer- und Wintersonnenwende und bei Tag- und Nachtgleiche berechnet. Und dies alles vor 4000 Jahren aufgrund langfristiger Himmelsbeobachtungen zur exakten Erfüllung ritueller Vorschriften!

Die mutmaßlichen Auslöser dieser Vorschriften waren Totenkult und Jenseitsglaube, die offenbar schon über lange Zeiträume die Angelpunkte allen religiösen und gesellschaftlichen Lebens gebildet hatten.

Erst zweieinhalb Jahrtausende später begründeten die Vorsokratiker im antiken Griechenland eine Wissenschaft, die nun nicht mehr allein religiösen Kultvorgaben, sondern zunehmend auch reiner Erkenntnissuche diente. Die bis heute bekanntesten Vertreter dieser neuen Denkrichtung waren ihr Wegbereiter Thales von Milet, Heraklit von Ephesos und Pythagoras von Samos. Zusammen mit zahlreichen anderen Denkern legten sie den Grundstein für eine erstmals von religiösen Motiven weitgehend unabhängige Form von »Naturphilosophie«.

Es dürfte nicht zu hoch gegriffen sein, das Wirken dieser ersten Naturphilosophen als den entscheidenden Durchbruch von der mythischen zur mentalen Bewußtseinsform anzusehen. Mit ihnen begann die Entmythologisierung der Welt der natürlichen Erscheinungen. Vor allem Thales hatte mit seiner berühmten Vorausberechnung der Sonnenfinsternis des Jahres 585 v. Chr. nachgewiesen, daß es sich dabei nicht um einen spontanen göttlichen Einfall, sondern um einen natürlichen, berechenbaren Vorgang handeln mußte.

Dieser Aufbruch in eine neue Dimension des menschlichen Bewußtseins war ein globales Ereignis, das fast gleichzeitig alle Hochkulturen erfaßte. Karl Jaspers (»Vom Ursprung und Ziel der Geschichte«) sah in dieser »Achsenzeit« den »tiefsten Einschnitt der Geschichte: In dieser Zeit drängt sich Außerordentliches zusammen. In China lebten Konfuzius und Laotse – in Indien entstanden die Upanischaden, lebte Buddha – in Iran lehrte Zarathustra das fordernde Weltbild des Kampfes zwischen Gut und Böse – in Palästina traten die Propheten auf – Griechenland sah Homer, die Philosophen. Das mythische Zeitalter war in seiner Ruhe und Selbstverständlichkeit zu Ende. Die griechischen, indischen, chinesischen Philosophen und Buddha waren in ihren entscheidenden Einsichten, die Propheten in ihrem Gottesgedanken unmythisch. Es begann der Kampf gegen den Mythos von Seiten der Rationalität und der rational geklärten Erfahrung (der Logos gegen den Mythos).«

Für Jaspers ergaben sich daraus zwei folgenreiche Neuerungen: »Der Mythos aber wurde zum Material der Sprache, die in ihm ganz anderes kundgab als ursprünglich in ihm lag, ihn zum Gleichnis machte. Aus dem unbefragten Innesein des Lebens geschieht die Lockerung, aus der Ruhe der Polaritäten geht es zur Unruhe der Gegensätze und Antinomien.«

Im mythischen Bewußtsein ist das Symbol *identisch* mit dem, wofür es steht; für das rationale Denken ist es ein Gleichnis, ein *wesensungleicher Stellvertreter* des Eigentlichen. Und mit dem rationalen Denken wandelte sich das mythische »Innesein des Lebens« zum Fragen nach der Natur der Dinge und der Kräfte, nach Ursachen und Wirkungen sowie nach der eigenen Rolle in der Welt und damit zur mentalen »Unruhe der Gegensätze«. Daraus entwickelte sich eine logisch begründete Ethik des persönlichen Verhaltens und der Verantwortung im sozialen Zusammenleben.

Doch wie bereits mehrfach betont, war auch dieser erneute Wandel in der Art der Welt- und Selbstdeutung ein allmählicher Prozeß. Noch 200 Jahre nach Thales war Platon der prominenteste Vertreter einer Philosophie des Übergangs, die Mythos und rationales Denken miteinander zu verbinden suchte. In zahlreichen, seinem Lehrer Sokrates gewidmeten bzw. zugeschriebenen Dialogen entwickelte er ein Weltbild, in dessen Mittelpunkt die »Ideen« standen: den menschlichen Sinnen zwar verborgene, aber »wahrhaft seiende« Urbilder aller realen materiellen Erscheinungen. Diese unsichtbaren, trotz dialektischer Annäherung an den philosophischen Logos noch weitgehend im Mythos angesiedelten Ideen hielt er für unmittelbar göttlichen Ursprungs, für vollkommen und unvergänglich wie das Göttliche selbst, ihre sichtbaren Erscheinungsformen hingegen für unvollkommene und vergängliche Abbilder.

Dagegen vertrat bereits Platons Schüler Aristoteles eine sehr viel rationalere, empirisch-beweisorientierte Position. Die Existenz von Ideen lehnte er als Produkte reiner Vorstellung ab, wenn auch in einer Platon gegenüber sehr respektvollen Form: »Es wird vielmehr zweckdienlich sein, das oberste Gut, sofern es als allgemeine Wesenheit gedacht wird, zu betrachten und zu zergliedern, wie das gemeint sei. Freilich wird dies eine peinliche Aufgabe, weil es Freunde von uns waren, welche die Ideen eingeführt haben. Und doch ist es notwendig, zur Rettung der Wahrheit sogar das zu beseitigen, was uns ans Herz gewachsen ist« (Ethica nicomachia I, 4).

Aristoteles war der Erste, der für alle materiellen Erscheinungen, auch für alle Lebewesen, eine ausschließlich auf Beobachtung, Erfahrung und Logik gegründete rationale Erklärung propagierte. Zwar lag er mit seinen eigenen Interpretationen nicht immer richtig, etwa bei der Behauptung, viele Insekten und andere Tiere entstünden durch Urzeugung aus Tau, Schlamm oder Mist (Historia animalium V, 19). Doch das nimmt nichts von seiner eminenten Bedeutung als Vollender des von den Vorsokratikern gewiesenen Wegs zu einer rationalen Weltdeutung. Vom Mythos der alles persönlich regelnden Götter blieb bei ihm nur noch der »unbewegte Beweger« als letzte Ursache allen Geschehens übrig.

Aristoteles war jedoch wesentlich mehr als nur ein großer Vollender. Er war auch seinerseits Begründer und Wegweiser, der dem mentalen Bewußtsein seinen zweiten, bis heute nachwirkenden Stempel aufdrückte: die Unterteilung einer bis dahin ganzheitlichen Naturphilosophie in einzelne, auch bei zunehmender Detailkenntnis noch überschaubare Teile. Als Universalgelehrter in der vollen Bedeutung des Wortes schrieb er umfangreiche Werke auf heute so weit voneinander entfernt liegenden Gebieten wie Poetik, Logik, Physik, Metaphysik, Meteorologie, Biologie, Psychologie, Rhetorik, Politik und Ethik. Jedes dieser von ihm noch selbst beherrschten und weiterentwickelten Teilgebiete der Philosophie seiner Zeit wurde in der Folge zu einer eigenständigen Fachdisziplin, die ihrerseits wieder in immer neuen Teildisziplinen aufging. Er war der Wegweiser von den Philosophen des Übergangs (wie Platon, für den die Beschreibung mathematischer oder physikalischer Gesetzmäßigkeiten noch Teil der übergeordneten Frage nach der Natur und Herkunft des göttlichen Guten war) zu den Vertretern rational begründeter Sach- und Spezialgebiete.

Langfristige Folge dieser Entwicklung war das Entstehen eines sehr effizienten, aber fachlich begrenzten Expertentums, das, zunächst kaum wahrnehmbar, dann aber mit rasch wachsender Geschwindigkeit die wissenschaftlichen Erkenntnisse und technischen Möglichkeiten auf das hohe Niveau hob, das schon Goethes Faust so vorausweisend und zugleich so zwiespältig ankündigte (S. 80).

Faust war ja nicht nur Wissenschaft und Technik verfallen, sondern ebenso der Magie und dem Mythos, jeweils in ihren defizienten, zum Scheitern verurteilten Abarten: der Magie gleich zu Beginn der Tragödie in seinem Alchimistenlabor und dann wieder in Mephistos Hexenküche; dem Mythos in Form des zum Höchsten verklärten Weiblichen, erst in Gretchen und dann in Helena. Auch damit vertrat er den Urtypus des modernen Machers, der einerseits als rational operierender Experte am rücksichtslosen technischen Fortschritts- und Gewinnstreben scheitert, andererseits die magischen und mythischen Bewußtseinsanteile zwar wie jeder Mensch in sich trägt, seine überbetont mentale Bewußtseinsstruktur darin aber nicht mehr einbeziehen und zur Bildung einer ganzheitlichen Person nutzen kann.

Die von Aristoteles so wirkungsvoll begründete »objektive«, das heißt, so weit es einem beobachtenden und interpretierenden Subjekt überhaupt möglich ist, objektbezogene Wissenschaft war ein gewaltiger Schritt in der Evolution des menschlichen Bewußtseins und Handelns. Doch gerade die neuen Möglichkeiten des Handelns – eines bewußten und persönlich verantworteten Handelns – erfordern ein harmonisches Zusammenwirken aller Bewußtseinsanteile. Sie erfordern den ganzheitlichen Menschen.

In diesem Zusammenhang mag ein nochmaliger Blick auf die Entwicklung der Religion als höchster Ausdrucksform des magischen und mythischen Bewußtseins hilfreich sein. Denn solange sich das mentale Bewußtsein harmonisch aus der Verbindung von magischem und mythischem Bewußtsein herausentwickelte, konnte die Religion auch neben einer zunehmend eigenständigen rationalen Wissenschaft ihre mindestens ebenbürtige Position behaupten. Erst durch die alles mit sich reißende wissenschaftlich-technische Revolution zu Begin der Neuzeit verschob sich das zwischenzeitliche Gleichgewicht endgültig zur Dominanz der rationalen Wissenschaft.

Bis zu den Vorsokratikern war die Religion Ausgangspunkt und treibende Kraft der Wissenschaft gewesen und hatte sie auch danach noch zwei Jahrtausende lang je nach Umständen befördert, toleriert oder auch bekämpft, in jedem Fall aber kulturell und politisch dominiert. Erst seit einigen Jahrhunderten sind Wissenschaft und Technik die entscheidenden Schubkräfte einer kulturellen Entwicklung, die ungeahnte Erkenntnistiefen und daraus resultierende Fortschritte in der praktischen Lebensbewältigung hervorgebracht hat.

Symptomatisch für diesen Rollentausch war der Wechsel von der mythologischen zur naturwissenschaftlichen Deutung der Entstehung der Welt und des irdischen Lebens. Fast alle Religionen führen jegliches Dasein direkt oder indirekt auf einen göttlichen Schöpfungsakt zurück. Mit diesem Akt wurde ein chaotischer Urzustand entweder durch harten und letztlich siegreichen Kampf guter gegen böse Mächte oder durch göttliche Allmacht und Weisheit allein in eine geordnete Struktur verwandelt, deren Fortbestand auch weiterhin göttlichem Wirken unterlag. Diesem Mythos begannen die Vorsokratiker durch naturwissenschaftliche Beobachtung und rationales, logisches Denken jene Deutung gegenüberzustellen, aus der sich über viele Zwischenstufen die heute vorherrschende Theorie vom kosmischen Urknall und der Entstehung des Universums in seiner heutigen Form entwickelte, ohne daß Religion noch einen nennenswerten Einfluß darauf gehabt hätte.

Für eine ganzheitliche Person, bei der alle Bewußtseinsformen eine harmonische Einheit bilden, müssen wissenschaftlich-rationale und religiös-symbolische Welterklärung kein Widerspruch sein. Wer sie als widersprüchlich empfindet, übersieht dabei, daß keine menschliche Aussage, ganz gleich ob in rationaler oder symbolischer Sprache, mehr sein kann als subjektive Interpretation einer höchst selektiven Erfahrung. Rationale Sprache bezieht sich auf den jeweiligen Zwischenstand fortschreitender, logisch-empirisch gewonnener Erkenntnis. Jede darüber hinausgehende symbolisch-bildhafte Aussage entstammt dagegen einer immer nur individuell erfahrbaren, rationalen Begründungen verschlossenen Vorstellungswelt.

Beide Erfahrungswelten können einander so lange widerspruchslos ergänzen, wie sie sich der Verschiedenheit und Begrenztheit ihrer jeweiligen Aussagen bewußt sind. Dann allerdings sind sie nicht nur Ergänzung, sondern wertvolle gegenseitige Bereicherung. Mit Goethes Worten: »Das schönste Glück des denkenden Menschen ist, das Erforschliche erforscht zu haben und das Unerforschliche zu verehren.« Oder mit Einstein: »Das Schönste ist, daß wir uns mit der Anerkennung des ›Wunders‹ bescheiden müssen, ohne daß es einen legitimen Weg darüber hinaus gäbe.«

Wie sollten auch sinnlich-rationale Wahrnehmung und geistig-seelische Transzendenz einander widersprechen? Erst die magisch-mythisch-mentale Verbindung von Verstand, Geist und Seele ergibt den vollständigen Menschen.

Voraussetzung für das Entstehen einer rationalen Wissenschaft war der Ersatz fiktiver, symbolisch verstandener Zahlen durch konkrete, mathematisch anwendbare Rechengrößen. Unkonkrete Angaben, wie sie außerhalb der exakten Wissenschaften noch bis ins Mittelalter gang und gäbe waren (»im Morgengrauen«, »Tagesentfernung«), wurden mit der Zeit auch im Alltagsgebrauch von normierten Maßeinheiten abgelöst (Uhren mit Zifferblättern, Meilensteine an Landstraßen).

Innerhalb weniger Jahrhunderte wurden daraus Präzisionsmessungen mit Zahlenangaben von nur noch mathematisch nachvollziehbarer Genauigkeit. Selbst Preise für einfache Konsumartikel werden inzwischen bis auf die zweite Stelle hinter dem Komma angegeben. In einigen Sportarten wird in hundertstel Sekunden gemessen, und in vielen Bereichen von Wissenschaft und Technik ist noch sehr viel genaueres Rechnen unerläßlich geworden.

Messen und Berechnen von Raum und Zeit kennzeichnen

das mentale Bewußtsein. Flugzeuge, Schiffe und Autos werden über Satellitenfunk an jedes in beliebiger Entfernung einprogrammierte Ziel geleitet und auf Wunsch jederzeit über die aktuellen Wetterverhältnisse, Staus oder andere Behinderungen informiert. Von Computern dreidimensional berechnete und überwachte stereotaktische Gehirnoperationen oder Tumorbestrahlungen werden millimetergenau an den Zielort geführt. Und computergesteuerte Raumsonden fliegen mehrere Jahre lang zu Planeten und Monden mit stetig wechselnden Umlaufbahnen und Umlaufzeiten, an denen sie auf exakt festgelegtem Kurs zu exakt vorausberechneten Zeiten an ebenso exakt vorausberechneten Positionen vorbeirasen, um aus ebenfalls Jahre zuvor berechneten Abständen deren physikalische Eigenschaften mit hochempfindlichen Meßgeräten und Kameras zu erkunden. Die Empfindlichkeit dieser Meßgeräte und ihrer Datenverarbeitung ist so groß, daß sie noch geringste Spuren selbst komplexer Moleküle im Promillebereich nachweisen und die Meßergebnisse zur Erde senden können.

Ähnlich empfindliche Instrumente werden für die unterschiedlichsten Messungen auf der Erde eingesetzt: Boden-, Wasser-, Luft-, Lebensmittel- und sonstige Spurenanalysen, mit denen noch winzige Mengen erwünschter oder unerwünschter Stoffe nachgewiesen werden. Häufig dienen die Ergebnisse allerdings nicht nur als nützliche Informationsquelle für praktisches Handeln. Längst haben sie auch ihren festen Platz in Sensationsberichten, etwa über das Vorkommen von Wasser auf nahen oder fernen Planeten oder über Dioxin- und andere »Skandale«. Meistens enthalten diese Skandalberichte jedoch keine Angaben darüber, ob eine Schädlichkeit der Substanz in derart geringen Konzentrationen überhaupt nachgewiesen ist, und noch seltener werden zum Vergleich auch die oft sehr viel höheren Konzentrationen erwiesenermaßen schädlicher, aber weniger sensationstauglicher Stoffe angegeben.

Zahlen, die außerhalb unseres mesokosmischen Vorstellungsvermögens liegen, sind allein schon aus diesem Grund »sensationell« (»die Sinne erregend«). Die Erregung kann sich in Angst bis zur Panik oder in Faszination bis zum tödlichen Übermut äußern. Beide Richtungen sind Teil unserer biologischen Grundausstattung. Die hat zwar primär nichts mit Zahlen zu tun, denn ihre biologische Funktion besteht im Normalfall darin, eine gesunde Balance zwischen Zurückhaltung und Erkundungsdrang sicherzustellen. Aber die Zahlenfixiertheit und die nach-aristotelische Blickverengung unseres inzwischen so übertrieben mentalen Bewußtseins, daß es Zahlen, Mengen, Berechnungen und zahlenbezogenes Wachstum verabsolutiert und nicht mehr in einen übergeordneten Realitätsbezug setzt, erzeugen oft extreme Formen von Panik oder Übermut (»Mut der Verzweiflung«, »Mut zum Risiko« oder »wer wagt, gewinnt«).

Obwohl uns das hohe Risiko eines ökologischen Kollapses bekannt ist, fällen wir weiterhin eine ständig wachsende Zahl tropischer Urwaldbäume, deren Funktion als essentielle Bestandteile eines artenreichen, klimaregulierenden Ökosystems wir genau kennen und dennoch ignorieren. Dabei gelingt es unserem derart gespaltenen Bewußtsein sogar, um eines scheinbaren, bestenfalls kurzfristigen Nutzens willen völlig auszublenden, daß Wälder prinzipiell unersetzliche Bestandteile unserer Biosphäre sind. Der kurzfristige Nutzen – neben dem höchst fragwürdigen Anbau von »Energiepflanzen« oder von Soja als Kraftfutter für den rasch wachsenden Verbrauch einer ökologisch wie ethisch inakzeptablen Massentierhaltung – besteht aus Holz, Kohle, Papier und Verpackungsmaterial. Der dauerhafte Verlust sind unersetzliche Wälder mit allem, was darin lebt.

Der Blick für das Wesentliche, Ganze verschwimmt immer mehr im Nebel der Faszination für die Teile. Wir sehen buchstäblich den Wald vor Bäumen nicht. Wir sehen nicht mehr, daß Teile immer nur etwas über sich selbst, aber nichts über das Ganze aussagen. Ein Uhrmacher kann eine Uhr auseinandernehmen und, sofern er alle Teile und ihre aufeinander abgestimmten Funktionen kennt, wieder funktionsfähig zusammensetzen. Doch was für rational Konstruiertes gilt, gilt nicht für natürlich Gewachsenes, weder für ein Sandkorn noch erst recht für etwas so Hochkomplexes wie ein Ökosystem. Kein noch so einfaches Naturprodukt könnte nach seiner Zerlegung in sämtliche Einzelteile genau so wiederhergestellt werden, wie es zuvor gewesen war.

Zählen, Messen, Teilen, Analysieren, Abstrahieren und Rationalisieren, das sind die charakteristischen Ausdrucksformen des mentalen Bewußtseins. Sie haben die Menschheit einen Riesenschritt vorangebracht, in der geistig-kulturellen ebenso wie in der wissenschaftlich-technischen Entwicklung. Heute wird »die Wissenschaft« eher beargwöhnt oder sogar verteufelt, in Wahrheit jedoch mit unangemessener technischer Anwendung verwechselt. Das überbetont mentale Bewußtsein sieht fast nur noch den unmittelbar vor ihm liegenden Teil und verfehlt damit das Ganze. Wie jede ins Extrem gesteigerte Bewußtseinsform erliegt nun auch die mentale der Gefahr des »Entartens«, in diesem Fall vom gezielten, rationalen *Ermessen* zum ziellosen, irrationalen *Messen* – zum Zahlen-, Machbarkeits-, Konsum- und Wachstumsfetisch. Gerade mit dieser Entartung trägt sie aber auch selbst wieder das Potential einer erneuten Entfaltung in sich.

So wie der Mythos das Abgleiten des magischen Bewußtseins in schwarze Magie und Zauberei aufgefangen hatte und dann selbst wieder vom rationalen Denken vor der eigenen Entartung bewahrt wurde, keimt auch im mentalen Bewußtsein bereits wieder deutlich spürbar die nächste Stufe der Entfaltung. Alle Anzeichen weisen auf einen abermals erweiterten Bewußtseinszustand hin, der die vielen rational voneinander getrennten und isoliert betrachteten Teile zu einem übergeordneten Ganzen zusammenfügt: das integrale, auf Durchblick, Zusammenschau und Vorausschau fokussierte Bewußtsein.

Auch dieses erneute Keimen und Entfalten braucht Zeit. Während das Gewohnte die einmal errungene Position noch beharrlich zu verteidigen sucht, sammelt das Neue bereits seine Kräfte und bricht immer deutlicher aus der Beharrung hervor. Noch scheint allerdings die Beharrung ihre so nachhaltig gestärkten Kräfte vehement dagegen zu halten.

Beharren und Entfaltung

Die neuerliche Bewußtseinsentfaltung ist jedoch kein Ereignis in einer fernen Vergangenheit. Diesmal sind wir Zeitzeugen und unmittelbar Mitbetroffene. In dieser besonderen Situation erscheint es mir angebracht, für einen Moment innezuhalten und uns zunächst die Bedeutung des Wechselspiels von Beharrung und Entfaltung bewußt zu machen.

Entfaltung im hier verwendeten Wortsinn bedeutet Aufbruch und Durchbruch zu etwas Neuem, bisher nicht Gekanntem. Das erzeugt, je nach Temperament, Verlustangst oder Entdeckerdrang, im Normalfall eine Mischung von beidem. Solange diese Mischung für eine ausgewogene

Balance zwischen Vorsicht und Risikobereitschaft sorgt, ist sie ein unverzichtbares Grundprinzip unserer Entwicklung. Ein treffendes Beispiel ist unsere eigene Kindheit: Ein angeborener Instinkt treibt uns dazu, greifen, krabbeln und laufen zu lernen und alles in unserer frühkindlichen Umwelt Erreichbare zu erkunden. Ohne das Risiko des Hinfallens gäbe es kein Laufenlernen und ohne das Risiko der Verletzung kein Wissen um die überall lauernden Gefahren.

Analoges gilt für das gesamte weitere Leben. Verweigerung des Risikos würde Stillstand, also das Ende der Entwicklung bedeuten. Zu hohes Risiko ebenfalls. Der Extremfall von beidem wäre der Tod. Die Evolutionsgeschichte ist voll von Beispielen für das Aussterben ganzer Arten, deren Entwicklung entweder wegen unzureichender oder wegen übertriebener Anpassung an vorübergehend günstige Umweltbedingungen abbrach. Und dennoch ist sowohl das kollektive wie das individuelle Beharren fest in uns verankert: »Als Störung wirkt das Neue / In den Kreisen Deiner Gedanken / Als Störung wirkt das Neue / Auf die Richtung Deines Gehens / Als Störung wirkt das Neue / In das Verhängnis Deines Strebens – / Die Welt holt das Verirrende zurück. / Du aber kannst das Tor zur Freiheit nicht sehen« (Uwe Schade).

Entwicklung, und somit jegliches Leben, ist unablässiges und unabweisbares Risiko, für den einzelnen ebenso wie für die Spezies als Ganzes. Auch risikoarme Zeiten sollten nicht darüber hinwegtäuschen, daß jederzeit krisenhafte Zuspitzungen auftreten können. »Krise« bedeutet »Wendepunkt, Entscheidung, Höhepunkt einer gefährlichen Entwicklung«, also dringende Aufforderung zum Handeln. Beharren ist kein Handeln und in der Krise folglich keine Option. Die Frage kann nur lauten, *wie* und nicht *ob* gehandelt wird.

In der uns heute geläufigen Ausdrucksweise sprechen wir

vom »Abwägen« eines Risikos. Das ist die rationale Seite des Vorgehens: Die Risiken von Tun und Unterlassen werden mit rationalen Argumenten gegeneinander abgewogen. Das ist um so unerläßlicher, je größer und weitreichender das Risiko ist. Es enthält aber auch den charakteristischen Nachteil der Ratio: Sie teilt das Risiko in isolierte Einzelaspekte auf, deren jeweilige Bewertungen dann die Grundlage der Entscheidung bilden. Und je wirkungsvoller sie dies tut, um so eher übersieht sie dabei die prinzipielle Unvollständigkeit der Argumente, und um so mehr unterdrückt sie ihr magisch-mythisches Fundament. Vor allem diese Einseitigkeit ist es, die Verlustangst erzeugt und sich im Beharren auf dem Gewohnten äußert. Denn das Gewohnte ist ja keineswegs nur das, »was schon immer so war«. Mit zunehmender Lebenserfahrung sind es zugleich das erworbene Wissen und das vielfach bestätigte instinktive »Bauchgefühl«, die vor den Folgen allzu hoher Risikobereitschaft warnen.

Ikarus war der Prototyp des allzu risikofreudigen, sein Leben riskierenden Individuums. Dagegen hatte Fausts geradezu risikosüchtiges, unsere heutige Lebensform charakterisierendes Vorwärtsstreben bereits Konsequenzen, die weit über ihn als Individuum hinausreichten. Beiden fehlte die Ausgewogenheit zwischen Verlustangst und Entdeckerdrang. Bewußtseinsgeschichtlich sind sie Prototypen der mythischen und der mentalen Form jenes Wollens und Machtstrebens, das in seinem magischen Ursprung zunächst noch rein defensiven Charakter hatte, sich nun auf der mentalen Stufe aber zu einer globalen Menschheitskrise ausgeweitet hat.

Kennzeichnend für diese Krise ist das beharrliche Festhalten an der irrationalen, aus unreflektierter Gewöhnung gespeisten Erwartung, materielles und finanzielles Wachstum ließen sich auch dann noch fortsetzen, wenn die dafür notwendigen Ressourcen erschöpft sind. Erich Fried hat es in seiner prägnanten Art so ausgedrückt: »Wer will, daß die Welt so bleibt, wie sie ist, der will nicht, daß sie bleibt.«

In der sinnentleerten Form eines überbetont rationalen Denkens in Wachstum, Zahlen und materiellen oder scheinmateriellen (finanziellen) Werten hat das mentale Bewußtsein den offensichtlichen Endpunkt seiner Entwicklung erreicht, vielfach sogar krisenhaft überschritten. Um das Krisenhafte zu erkennen, ist nicht einmal mehr ein Blick auf die sich häufenden Einzelkrisen wie Klima, Armut, Hunger, Bildung oder Staatsfinanzen nötig. Es reicht schon festzustellen, wie sehr »Krisensitzungen« und »Krisengipfel«, bezeichnenderweise mit den Schwerpunkten Finanzen, Klima/Umwelt und Ressourcenknappheit, die nationale und internationale Politik des beginnenden 21. Jahrhunderts dominieren. Ihr Kennzeichen ist das Beharren auf nachträglicher Schadensbekämpfung anstelle von Zukunftsgestaltung – ein drastisches Beispiel für lebenslange, ideologisch verfestigte Prägung, die nicht einmal mehr als solche wahrgenommen wird.

Die Situation drängt in doppelter Hinsicht. Die sich zuspitzenden Krisen drängen auf Bewältigung, und das Bewußtsein drängt auf ein Ende des Beharrens und einen Durchbruch jener Entfaltung zu Übersicht, Durchblick und Zusammenschau, die sich in den verschiedensten Varianten immer dringlicher bemerkbar macht.

Integrales Bewußtsein von Ganzheit und Durchblick

Da sich diese erneute Entfaltung noch in der Frühphase ihrer Entwicklung befindet und wir sie aus unserem rationalen Denken heraus ohnehin nur höchst unzureichend erfassen könnten, muß uns ihre endgültige Form noch verborgen bleiben. Doch die Richtung ist deutlich erkennbar. Die Anzeichen sind sogar so vielfältig und umfangreich, daß eine ausführliche Erörterung den Rahmen dieser Abhandlung bei weitem sprengen würde.

Eine sehr detaillierte und tiefgründige Analyse hat der Kulturphilosoph Jean Gebser in seinem Hauptwerk »Ursprung und Gegenwart – Beitrag zu einer Geschichte der Bewußtwerdung« unternommen. Auch der Religionspädagoge Hubertus Halbfas geht in seinem ebenfalls sehr breit angelegten Werk »Der Glaube« ausführlich auf die verschiedenen Bewußtseinsstadien ein. Ähnliches gilt für den Philosophen und Psychologen Ken Wilber in seiner evolutionstheoretischen Übersicht »Halbzeit der Evolution«. Dies alles erlaubt es mir, mich hier auf eigene Beispiele und ergänzende Hinweise zu beschränken.

Neben sehr weitgehender Übereinstimmung mit Gebsers Ausführungen habe ich allerdings Bedenken gegenüber seiner Verwendung des Begriffs »Mutation« für das Auftreten neuer Bewußtseinszustände. In seiner Begründung will er »unmißverständlich deutlich machen, welcher Art das von uns [Gebser] gemeinte Mutationsgeschehen ist: weder biologisch, noch historisch, sondern geistig«. Und kurz darauf: »Wir stellen also gegen die bloße [?] Evolutionstheorie nicht nur unsere Mutationstheorie der Bewußtwerdung; wir beziehen in unsere Betrachtung des Vergangenen die Zukunft als bereits vorhanden, weil in uns latent existierend, ein.«

Da Mutation als erbbiologischer Begriff inzwischen fest etabliert ist, halte ich es für irreführend, ihn für einen geistigen Prozeß so betont gegensätzlich zu verwenden, zumal die geistige Evolution eng an die biologische gebunden ist. Und auch Gebser selbst sieht ja die »Zukunft der Bewußtwerdung als in uns latent existierend« an – nicht anders als es für die ebenfalls latent in uns existierende genetische Mutation gilt.

In seinen wesentlichen Aussagen ist jedoch Gebsers Werk, ebenso wie die Beiträge von Halbfas und Wilber, eine reiche Fundgrube wertvoller Gedankengänge und überzeugender Beispiele für alle Stadien der Bewußtseinsentfaltung, insbesondere für das immer deutlicher zutage tretende »integrale« oder »diaphane, durchscheinend gänzlichende« Bewußtsein. Mit diesen Begriffen bezeichnet Gebser die beiden entscheidenden Aspekte der neuen Bewußtseinsform: das Integrieren, also ganzheitliche Betrachten (»Gänzlichen«) zusammengehörender Teile, und das Hindurchsehen durch alles unmittelbar Wahrgenommene, dessen komplexer Hintergrund im neuen Bewußtsein immer mit durchscheint.

Da jede Bewußtseinserweiterung auch eine Befreiung aus vorausgehender Erstarrung ist, sollte der sicherste Weg wohl derjenige sein, der auch auf die Gegenseite der Erstarrung führt: Erweiterung durch Einbeziehung des Gegenpols. Tatsächlich fand die Erstarrung magischer Beseeltheit der *Außenwelt* in schwarzer Magie und Zauberei ihren rettenden Gegenpol in der Entdeckung der seelischen *Innenwelt*. Analog wurde die Abwertung der Götter, die diese Innenwelt verkörpern, zu Wesen mit menschlichen Schwächen vom Gegenpol des *seelischen Empfindens*, dem *rationalen Denken* aufgefangen. Und heute öffnet sich der Blick auf das Zusammengehören und Ineinanderwirken der Teile als offensichtlicher Gegenpol zu einer Ratio, die im Zerteilen, Aufteilen und Erkämpfen von Anteilen zu erstarren droht.

Bisher waren Religion und Wissenschaft – jede in der ganzen Vielfalt ihrer Erscheinungsweisen – die wichtigsten

Ausdrucksformen des magischen, mythischen und mentalen Bewußtseins. Diesen Status werden sie vermutlich auch weiterhin beibehalten, wenn auch kaum in einem so ausgeprägten wechselseitigen Dominanzverhältnis wie bisher. Wahrscheinlicher ist, daß sie in einem gemeinsamen Ganzen aufgehen und sich das rational trennende *Entweder-oder* mit einem integrierenden *Sowohl-als-auch* verbindet.

Wie weit dieser Prozeß inzwischen gediehen ist, will ich versuchen, anhand der folgenden Auswahl von Beispielen für einige der wichtigsten Bereiche der kulturellen Evolution zu belegen. Auch hier wird sich zeigen, daß es sich um einen zunächst langsam und schließlich immer drängender ablaufenden Prozeß handelt, dessen Durchbruch an die Oberfläche nun spürbar »seine Zeit hat«. Daß er sich schon lange andeutet, geht aus vielen Äußerungen früherer Philosophen, Religionsstifter und Mystiker ebenso hervor wie aus Goethes schöner Formulierung in seinem Gedicht »Dem Physiker«: »Natur hat weder Kern noch Schale, / Alles ist sie mit einem Male.«

Jede menschliche Gesellschaft ist ein Produkt ihrer Umwelt, ihrer Tradition, ihrer ethnischen Zusammensetzung sowie der Größe und Dynamik ihrer Bevölkerung. Wie unterschiedlich und zugleich einflußreich jeder dieser Faktoren sein kann, macht ein Vergleich der altägyptischen Königreiche mit den Vereinigten Staaten von Amerika deutlich.

Die Jahrtausende während Tradition Altägyptens basierte auf einer ethnisch und kulturell weitgehend einheitlichen und zahlenmäßig relativ stabilen Bevölkerung sowie auf den Besonderheiten eines außergewöhnlich fruchtbaren Flußtals, das gegen Bedrohungen von außen fast vollständig durch Wüsten und Meere abgeschirmt war.

Unter diesen Sonderbedingungen konnte sich eine Gesellschaftsstruktur entwickeln, die trotz einiger Brüche mehrere Jahrtausende in beispielloser Kontinuität überdauerte.

Ein in jeder Hinsicht extremes Gegenbeispiel sind die Vereinigten Staaten von Nordamerika. Sie sind erst wenige Jahrhunderte alt und existieren in ihrer jetzigen Form seit kaum mehr als 100 Jahren. Zur Zeit ihrer Gründung, die ursächlich mit dem Beginn der interkontinentalen Hochseeschiffahrt zusammenfiel, war die geographische Isoliertheit dieses Halbkontinents bereits bedeutungslos geworden. Die genuine, anfangs noch spärliche Bevölkerung wurde von einer ständig wachsenden Zahl europäischer Einwanderer und Eroberer sowie aus Afrika importierter Sklaven aus ihrem angestammten Lebensraum verdrängt und, soweit nicht ausgerottet, auf unbedeutende Reservate zurückgedrängt. Von der Begründung einer neuen, europäisch geprägten Tradition und von der Entwicklung neuer Formen des sozialen Zusammenlebens war die Urbevölkerung ausgeschlossen. Keine andere heute existierende Nation ist ethnisch und kulturell so heterogen zusammengesetzt, und erst recht keine andere hat sich jemals so schnell von der ersten Landnahme zur wirtschaftlich, militärisch und wissenschaftlich-technologisch führenden Nation ihrer Zeit entwickelt wie die USA.

Entsprechend groß sind die Unterschiede in den Gesellschafts- und Bewußtseinsstrukturen Altägyptens und der USA. Die Ägypter verkörperten den Musterfall jenes mythischen Bewußtseins, das sich als irdisches Abbild eines von unsterblichen Göttern gelenkten kosmischen Geschehens erlebte. In ihrer Vorstellung geschah alles in sich ewig wiederholenden Zyklen – im irdischen Leben symbolisiert durch die scheinbare Ewigkeit steinerner Tempel und Pyramiden und die zyklische Wiederholung ritueller Handlungen und Feste. Dagegen repräsentieren die USA, stellvertretend für die gesamte industrialisierte Fortschrittswelt, ein an linearen Kausalketten orientiertes mentales Bewußtsein, das von einer zeitlich und räumlich gerichteten Evolution ohne Rückkehr zum Ausgangszustand ausgeht. Alles verläuft gerichtet: der radioaktive Zerfall; die wissenschaftliche Erkenntnis; der technologische Fortschritt; das Entstehen und Vergehen von Leben, Staaten, Gebirgen und Galaxien; das Kommen und Gehen politischer, geistiger und spiritueller Machtzentren – »nichts ist ewig, nur der Wechsel«.

Doch das antike Ägypten und die heutigen USA sind nicht nur Musterbeispiele für das mythische und das mentale Bewußtsein. Sie stehen auch beispielhaft für deren Erstarrung und die Unfähigkeit, Tradition als einen dynamischen Prozeß im Sinne der Mahnung von Thomas Morus zu verstehen: »Tradition ist nicht das Halten der Asche, sondern das Weitergeben der Flamme.« Bei den Ägyptern war es das Halten der Asche einer unflexiblen, zunehmend sinnentleerten Tradition; bei den USA ist es das Verglühen einer Flamme, die noch vor kurzem als Signal des Aufbruchs zu individuellen Bürgerrechten, ethnischer Integration und wissenschaftlich-technischem Fortschritt in alle Welt gestrahlt hatte. Nun läuft sie Gefahr, in zielloser Sinnsuche, sozialer Härte und zerstörerischer Maßlosigkeit zu verlöschen.

Das in seiner mythischen Tradition erstarrte Pharaonenreich wurde zur leichten Beute benachbarter Großreiche, die im neuen und ihm überlegenen mentalen Bewußtsein erstarkt waren: erst das hellenistische, dann das römische und später das britische. Jetzt sind es die USA mitsamt ihren Vorläufern und Nachahmern, denen ein ähnliches Schicksal droht. Die von Jaspers beschworene konstruktive »Unruhe der Gegensätze«, die in ihrer schöpferischen Phase so viel Großes hervorgebracht hatte, läuft nun Gefahr, in einer destruktiven *Kollision der Gegensätze* zu erstarren: reich gegen arm, übermächtig gegen ohnmächtig, skrupellos gegen rücksichtsvoll, übersättigt gegen hungrig (in jeder Hinsicht: Nahrung, Bildung, Selbstbestimmung, Teilhabe).

Keiner dieser Gegensätze ist prinzipiell neu. Neu ist dagegen, daß die mentale Bewußtseinsstufe offenbar nicht wie die vorausgehenden Stufen mit dem Schwinden ihrer Dominanz an Wirkungsmacht verliert, sondern im Gegenteil an ihrer eigenen, stetig wachsenden Effizienz zu ersticken droht. Die Fähigkeit, dies zu erkennen, hat sie. Aber ist sie auch in der Lage, diese Fähigkeit zu nutzen und die Flamme, die noch vor kurzem so verheißungsvoll loderte, erneut zum Leuchten zu bringen?

Während der Schulzeit im und nach dem Zweiten Weltkrieg benutzte ich aus Mangel an neuen Lehrbüchern den Schulatlas meines Großvaters aus dem späten 19. Jahrhundert. Darin waren noch weite Flächen im Inneren Afrikas und Südamerikas als »unerforschte Gebiete« bezeichnet. Doch schon in den folgenden Auflagen fehlte diese Angabe. Innerhalb weniger Jahre waren sie von Europäern zur Machterweiterung und als Rohstoffquellen »erforscht« und annektiert worden.

Aus demselben alten Bücherbestand faszinierte mich M. F. A. Zimmermanns »Der Erdball und seine Naturwunder«, gedruckt im Jahr 1861. Zu meiner Zeit war es längst überholt, wissenschaftshistorisch aber um so interessanter. Es beschrieb die »Wissenschaft der neuesten Zeit« mit der einleitenden Bemerkung: »Was die Alten davon dachten, war unbeschreiblich unvollkommen, denn es bestand nicht in einem Wissen, sondern in einem philosophischen Phantasiren darüber.« Kurz vor Erscheinen des Buches, so wird darin berichtet, hätte man einen neuen, sonnennächsten Planeten »Vulcan« entdeckt. Der sonnenfernste, Pluto, war noch unbekannt. Vulcan stellte sich kurz darauf als Beobachtungsfehler heraus, und Pluto war bald entdeckt. Auch alle übrigen Darstellungen waren zumindest im Detail schon nach kurzer Zeit überholt. Um so aufschlußreicher ist es, diesen vor nicht mehr als 150 Jahren »neuesten« und doch so rasch wieder veralteten Kenntnisstand mit dem von Aristoteles und mit unserem heutigen zu vergleichen. Dieser Vergleich gibt eine Vorstellung von der enormen Höhe des Sprungs, den unser Wissen und Bewußtsein in der jüngsten Vergangenheit gemacht haben.

Bis zu diesem Sprung, also in einem Zeitraum von mehr als 2000 Jahren, hatten die wissenschaftlichen und geographischen Kenntnisse, ebenso wie die Rationalität und Logik in allem übrigen Denken, Wissen und Handeln, zwar stetig zugenommen, waren aber im Grundsatz nicht vom aristotelischen Weltbild abgewichen. Der Quantensprung, im übertragenen wie im physikalischen Sinn, erfolgte mit dem Beginn der Quantenphysik im Jahr 1900. Sie revolutionierte nicht nur das gesamte naturwissenschaftliche Weltbild, sie ergänzte, beförderte und durchdrang auch viele ähnlich revolutionäre Prozesse in allen anderen kulturellen Bereichen, besonders auffällig in Kunst und Musik.

Deutlicher als zuvor öffnete sich auf allen Gebieten des menschlichen Geistes die bisherige, auf das Sinnlich-rationale fokussierte Wahrnehmung jetzt für größere Zusammenhänge und neue Dimensionen, die jenseits der eindimensionalen Zeit und des dreidimensional-perspektivischen Raums des mentalen Bewußtseins lagen.

In der Physik ist das wohl treffendste Beispiel die Suche nach der »Weltformel« oder »einheitlichen Feldtheorie«, mit der viele bedeutende Vertreter der neuen Physik, von Einstein und Heisenberg bis Hawking, versucht haben, alle bekannten physikalischen Kräfte in einer einzigen mathematischen Formel zusammenzufassen. Bislang ist diese Suche vergeblich geblieben, und sie wird es wohl mindestens so lange bleiben müssen, bis auch die »dunkle Energie«, das Sammelbecken für alle bisher noch unbekannten Kräfte, vollständig mit einbezogen werden kann. Doch darauf soll es hier nicht ankommen. Vielmehr soll dieses Beispiel die große Wende andeuten von den Detailfragen der klassischen Physik, mit denen auch Planck und Einstein begonnen hatten, zu den übergeordneten Zusammenhängen, die sich nicht mehr allein mit unseren mesokosmisch ausgerichteten Sinnen, sondern nur noch durch deren geistige Überschreitung erschließen lassen.

Diese Überschreitung des konventionellen physikalischen Denkens – befördert von der Entdeckung des Planckschen Wirkungsquantums, der Einsteinschen Relativitätstheorie und der Heisenbergschen Unbestimmtheitsrelation – führte zu einer weiteren, besonders wirkungsvollen Abkehr vom aristotelischen *Entweder-oder* zu einer völlig neuen Qualität von *Sowohl-als-auch*: zu dem von Niels Bohr eingeführten Komplementaritätsprinzip. Diesem Prinzip zufolge kann ein physikalisches Objekt, je nach Art der Beobachtung, sowohl als elektromagnetische Welle wie als Materieteilchen gemessen werden, auch wenn es in Wirklichkeit weder das eine noch das andere ist, sondern ein Zustand, dessen wahre Natur unserer mesokosmischen Vorstellungswelt verschlossen ist. Bekanntestes Beispiel sind die Licht-*Welle* (das Licht bzw. die Wellenlänge, wie wir sie wahrnehmen) und das Licht-*Quant* (das Photon, das auf den Sehnerv des Auges trifft).

Zu diesem physikalischen Sowohl-als auch paßt ins Bild,

daß sich einige der Quanten- und Atomphysiker, unter ihnen Wolfgang Pauli und Carl Friedrich von Weizsäcker, intensiv mit der ostasiatischen Philosophie beschäftigten, die in ihrem Grundansatz so stark die Einheit in der Dualität betont, besonders sinnfällig im Komplementaritätssymbol des Yin und Yang. Auch Goethe suchte ja im zweigeteilten Blatt des Ginkgo-Baums, »der von Osten [aus Japan stammend] meinem Garten anvertraut«, den »geheimen Sinn« der Komplementarität: »Ist es Ein lebendig Wesen, / Das sich in sich selbst getrennt? / Sind es zwei, die sich erlesen, / Daß man sie als Eines kennt? / ... Daß ich Eins und doppelt bin?« (Abbildung 5).

Abb. 5 Symbole der Komplementarität einander ergänzender Teile im daoistischen Yin und Yang (links) und im Ginkgo-Blatt (rechts). Die im Yin und Yang durch kleine komplementäre Kreise angedeutete Zusammengehörigkeit des einen mit dem anderen und die Verschlungenheit beider Teile in einem umschließenden Kreis symbolisieren die Einheit scheinbarer Gegensätze (in Wirklichkeit komplementärer Paare) wie ich / du, rechts / links, west / ost, aktiv / passiv, männlich / weiblich. Das eine ohne das jeweils andere als Besonderheit zu definieren ergäbe keinen Sinn. Jede aufeinander bezogene Paarung bildet eine duale Einheit.

Sind wir also mit der Suche nach dem Grundsätzlichen immer noch (oder wieder) da, wo auch Platon schon war? Auch er suchte ja in den »Ideen« eine Art Weltformel, die alles »wahrhaft Seiende« in sich vereinte. Offenbar ist das Grundmotiv nach wie vor dasselbe. Allerdings könnten die Ausgangsniveaus nach fast 2500 Jahren rationaler Wissenschaft kaum unterschiedlicher sein. Für den Naturphilosophen Platon war es der letztgültige göttliche Urgrund, für den heutigen Naturwissenschaftler sind es die empirisch ermittelten und in mathematische Formeln gefaßten Naturgesetze.

Diese Erweiterung der mythologisch-spekulativen um eine empirisch-rationale Weltdeutung kennzeichnet exemplarisch das breite Fundament, das das magisch-mythische und das mentale Bewußtsein dem integralen bereitet haben.

Daß wir allerdings mit dieser Entwicklung die »Halbzeit der Evolution des Menschen auf dem Weg vom animalischen zum kosmischen Bewußtsein« erreicht hätten, wie Ken Wilber vermutet, erscheint mir äußerst fraglich. Denn das wahre Wesen alles dessen, was »die Welt im Innersten zusammenhält«, läßt sich selbst aus gründlichster Detailkenntnis niemals vollständig herleiten. Nicht in der Physik für ein einzelnes Atom oder gar eine ganze Galaxie, nicht in der Soziologie oder der Ökonomie für die vielen Formen gesellschaftlichen Zusammenlebens und nicht in der Biologie für die Komplexität der Biosphäre oder des menschlichen Gehirns. Immer bleibt das Ganze mehr als seine Teile, und immer werden die ungeheure Vielfalt und Dynamik des Universums sehr viel mehr sein, als die begrenzte Reichweite unseres Bewußtseins erfassen kann.

Dennoch dürfte es das nächste große Ziel der menschlichen Evolution sein, durch die Zusammenschau aller erreichbaren Teile der Wirklichkeit des Ganzen einen wesentlichen Schritt näher zu kommen. Alles, was darüber hinausgeht, wird auch weiterhin der Sphäre des Geheimnisvollen, des Wunderbaren und des Bewunderungswürdigen angehören. Insofern dürfen wir mit Bezug auf das weiterhin unveränderte Grundmotiv wohl tatsächlich »kaum sagen, daß wir weiter seien als Platon« (Karl Jaspers), auch wenn die Fortschritte in den experimentellen und theoretischen Wissenschaften von Platon bis heute gewaltig sind.

Neben der Physik (und in ihrer Folge der Chemie) waren es vor allem die verschiedenen Zweige der Biologie, in denen die Erkenntnisse der Naturwissenschaften besonders tiefgreifend waren. Auch die Biologie ist weit vorangeschritten auf dem Weg von den Teilen zum Ganzen: von den Molekülen zum lebenden Organismus, von den Organismen zum Ökosystem, von den Nervenzellen und ihren Botenstoffen zur Funktion des Gehirns – und damit nicht zuletzt auch zu den Grundlagen von Gedächtnis, Erinnerung und Bewußtsein.

Ähnliche Entwicklungen erfaßten alle Bereiche der kulturellen Evolution. Eine Sonderrolle nehmen dabei die Religionen ein, die wegen ihrer starken Traditionsbindung naturgemäß die größte Beharrungstendenz besitzen. Obwohl die große Vielfalt von Glaubensgemeinschaften keine einheitliche Beschreibung zuläßt, weist doch eine vielfach durchlaufene Entwicklungslinie vom magischen Idol oder Totem über die mythischen Göttergestalten zur pantheistischen Gottheit und in den monotheistischen Offenbarungsreligionen zum einen und einzigen, nur noch indirekt in seinem Werk und in der eigenen Seele erfahrbaren Schöpfergott.

Dieser weite Weg des religiösen Erlebens von der unmittelbar sicht- und greifbaren Präsenz des Numinosen in eine weit entrückte Transzendenz bedeutete allerdings nicht das Verlassen der magisch-mythischen Basis, etwa im Sinne eines Ersatzes der Seele durch den Geist. Zwar mag es gerechtfertigt sein, in der Abstraktion der sichtbaren irdischen Mächte zu unsichtbaren überirdischen Mächten eine zunehmende Vergeistigung zu sehen. Doch gerade im Bereich des Religiösen bilden die magisch-emotionale, die mythisch-seelische und die mental-geistige Bewußtseinssphäre eine untrennbare Einheit. Dies zu verkennen dürfte einer der vielen Gründe für das gegenwärtig verbreitete »Unbehagen in der Kultur« (Sigmund Freud) und das »Unbehagen an der Moderne« (Charles Taylor) sein, die sich unter anderem in der zunehmenden Distanz westlich-säkularer Rationalisten zu den etablierten Religionen äußern.

Je mehr dabei das Rationale dominiert, desto unverständlicher müssen ihm die symbolhafte, emotional erspürende (und nicht etwa rational erklärende) Sprache und die ritualisierten Traditionen religiöser Glaubenshaltungen erscheinen. Denn beide, die sprachliche ebenso wie die rituelle Symbolik, entstammen längst vergangenen Lebensumständen. So beschreiben die mehr als 2500 Jahre alten Texte der Thora und des Alten Testaments die nur noch in Mythen erinnerten Lebensumstände und Empfindungen eines auf der Suche nach Lebensraum umherziehenden Nomadenvolks.

Kann es da verwundern, daß heutzutage viele, vor allem junge Menschen, die vom Geist technisch-rationaler Effizienz und materieller Wertorientierung geprägt sind, diesen Schriften verständnislos gegenüberstehen? Wie soll jemand, der weit entfernt von der alten Symbolwelt aufgewachsen ist, in den einstmals so bedeutungsvollen und wirkmächtigen Bildern der Dreieinigkeit eines göttlichen Vaters im Himmel, seines am Kreuz geopferten Menschensohns und einer Taube als Symbol für den alles durchströmenden Heiligen Geist eine auch ihn berührende Transzendenz erkennen? Wo findet er eine Brücke von der rationalen Sprache der Gegenwart zur fremd gewordenen Symbolik eines »wahren Lichts, das jeden Menschen erleuchtet« (Joh. 1,9)?

Beispielhaft für die tiefe Kluft, die seit der Aufklärung im einstmals »christlichen Abendland« die religiöse Sphäre immer weiter von der profanen trennt, ist der unversöhnliche Gegensatz zwischen fundamentalreligiösen »Kreationisten« und säkularen »Evolutionisten«, zwischen dem Beharren auf einer wortgetreuen Auslegung alter Texte und den Fortschritten der theologischen Bibelexegese und aller übrigen wissenschaftlichen Erkenntnisse. Und kaum weniger fundamental, traditionsgebunden und ausgrenzend verhalten sich die mächtigen Zentren des orthodoxen Judentums, des schiitischen und sunnitischen Islams und der katholischen Kirche – im Gegensatz zur vielfach gelebten Toleranz und Ökumene an der Basis.

Aber müssen die unterschiedlichen Formen von Welterfahrung, von Erkenntnis- und Sinnsuche überhaupt Gegensätze sein? Eher wirken sie wie das letzte Aufbäumen partikularer Wahrheitsansprüche vor dem endgültigen Durchbruch zu einem tieferen Verständnis und klareren Durchblick auf den alles verbindenden Kern. Wie anders sollte man zum Beispiel verstehen, daß das Oberhaupt der katholischen Kirche auf der einen Seite radikal konservative, an unwiderrufliche Dogmen gebundene Positionen vertritt und auf der anderen Seite in historisch erstmaligen Begegnungen mit Vertretern anderer Konfessionen weithin wahrnehmbare Signale der Öffnung und des Bemühens um Verständigung aussendet?

Ist dies der erste zögerliche Schritt in Richtung auf ein »Weltethos« (Hans Küng), in dessen Geist selbst die großen abrahamischen Offenbarungsreligionen einander künftig in gegenseitigem Respekt und interreligiösem Dialog begegnen werden?

Jede religiöse Weltsicht wird sich auch in Zukunft mit der Entfaltung des Bewußtseins weiterentwickeln. Nach der Großen (Erd-)Muttergöttin während des Matriarchats und dem himmlischen Vatergott im ausklingenden Patriarchat dürfte nun die Zeit der Öffnung für die nächste Stufe der Transzendenz gekommen sein: zu einer Transzendenz, die sich nicht mehr am menschlichen »Ebenbild« orientiert, sondern jede bildhafte Vorstellung übersteigt.

Wie in der Vergangenheit wird auch in Zukunft die religiöse Vorstellung, auch die bildlose, immer ein Echo auf den eigenen Bewußtseinszustand und ein Spiegel der eigenen Seele sein.

Der epochale Wechsel von sakral zu säkular verfaßten Staaten, angestoßen im klassischen Altertum und erstmals realisiert in den westlichen Demokratien nach der europäischen Aufklärung, scheint unumkehrbar. Die Unruhe und die Unsicherheit, die diesen Wandel in allen Lebensbereichen begleiten, machen sich in den verschiedensten Formen von Verlust- und Zukunftsangst immer drängender bemerkbar. Die Suche nach Halt und Verlaß, nach einer neuen sinngebenden Mitte im integralen Bewußtsein der großen Zusammenhänge, ist allenthalben spürbar.

Besonders augenfällig offenbart sich dieser Wandel in der bildenden Kunst, der einzigen über die praktische Lebensgestaltung hinausgehenden Ausdrucksform des menschlichen Geistes, für die wir von ihren mutmaßlichen Anfängen bis heute unmittelbare Zeugnisse besitzen. Die ältesten Funde sind etwa 300 000 Jahre alt, stammen also noch von Vormenschen aus einer Zeit lange vor dem Auftreten von Homo sapiens. Anfangs waren es einfache geometrische Muster auf kleinen Werkzeug- oder Schmuckobjekten aus Holz, Knochen oder Stein (Eibl-Eibesfeld und Sütterlin: »Weltsprache Kunst«). Der große Durchbruch zu einer bis heute unübertroffenen künstlerischen Ausdruckskraft begann mit der figürlichen und bildlichen Darstellung von Menschen, Tieren und komplexen magischen Objekten und Zeichen vor rund 30 000 Jahren zur Zeit der Ausbreitung von Homo sapiens über den gesamten afro-eurasischen Raum (Abbildungen 3 und 4 auf Seite 72 / 73).

Bis in die frühe Neuzeit waren die meisten erhaltenen Kunstwerke allem Anschein nach religiös motiviert (religiös im weitesten Sinn eines emotionalen Bezugs zum Übersinnlichen), wobei die ausdrucksvollen Charakterköpfe der großen Philosophen und Staatsmänner während der hellenistischen Epoche eine besonders markante Ausnahme bildeten. Neben einigen weiteren Ausnahmen, etwa den bemerkenswert realistischen Echnaton-Darstellungen während der ägyptischen Amarna-Periode, fällt jedoch für alle Kunstepochen bis zum Beginn der europäischen Renaissance die weitgehende Einheitlichkeit und Stilgebundenheit der stereotyp idealisierten Götter-, Personen- und Objektdarstellungen ohne erkennbaren Bezug zum Individuellen auf.

Erst die Renaissance mit ihrem Rückgriff auf die Antike brachte die Abkehr von der Stereotypie in Bild und Skulptur und den Durchbruch zur Betonung der Individualität. Dennoch blieb die Darstellung bis ins 19. Jahrhundert weiterhin eng an das natürliche Vorbild gebunden, sowohl bei menschlichen Wesens- und Charakterzügen wie bei Tieren, Pflanzen und unbelebten Gegenständen. Nach wie vor war die naturalistische Darstellungsweise in der europäischen und europäisch beeinflußten Kunst von der physikalisch-sinnlichen Wahrnehmung geprägt, selbst in so grotesken Verfremdungen wie bei Hieronymus Bosch und Pieter Breughel.

Diese lange und äußerst produktive Phase der bildenden Kunst endete abrupt – innerhalb weniger Jahrzehnte und wohl nicht zufällig zeitgleich mit dem Aufkommen von Photographie und Psychoanalyse – mit der Sprengung aller konventionellen Formen durch die revolutionären Entwicklungen des Impressionismus, Expressionismus, Kubismus, Surrealismus und schließlich der völligen Abstraktion ohne jegliche Bezugnahme auf reale Objekte. Die Entwicklung verlief im Prinzip nach dem gleichen Muster wie in den Naturwissenschaften: nach zweieinhalb Jahrtausenden stetiger geistiger Vertiefung die plötzliche Öffnung der dreidimensionalen Perspektive in eine neue Dimension des Durchblicks in tiefere Bedeutungen und komplexere Zusammenhänge.

In seinem zweiten Buch über die Grundlagen des Bewußtseins (»Das Zeitalter der Erkenntnis«) beschreibt Eric Kandel die Epoche des Wiener Expressionismus um die Wende vom 19. zum 20. Jahrhundert als die Zeit eines tiefgreifenden Wandels in allen Lebensbereichen, einschließlich der bildenden Kunst. Die Künstler »wandten den Blick nach innen – fort von der dreidimensionalen Außenwelt, hin zum multidimensionalen inneren Selbst und zum Unbewußten.« Parallel zu Freuds Psychoanalyse hatte diese Kunstepoche wesentlichen Anteil an dem Bemühen, »in Kunst, Architektur, Psychologie, Literatur und Musik neue

Ausdrucksformen zu erforschen. Sie war die Geburtsstunde des bis heute anhaltenden Bestrebens, diese Disziplinen miteinander zu verknüpfen.«

Das Verhältnis zwischen Künstler und Betrachter interpretiert Kandel aus der Perspektive des Hirnforschers so: »Künstler erfassen stillschweigend ein universelles biologisches Prinzip: Die Aufmerksamkeitsressourcen von Menschen sind begrenzt. Zu einem gegebenen Zeitpunkt kann nur *eine* stabile neuronale Repräsentation im Fokus des Bewußtseins stehen. Da die entscheidenden Informationen über ein Gesicht oder einen Körper in den Konturen liegen, ... ist alles andere ... weniger relevant.« Und das begründet er mit der Arbeitsweise des Gehirns: »Das Erstellen von Modellen ist die zentrale Aufgabe der perzeptuellen, emotionalen und sozialen Systeme im menschlichen Gehirn. Diese Fähigkeit ermöglicht sowohl die Schöpfung von Kunstwerken durch Künstler als auch die Neuschöpfung der Kunstwerke durch ihre Betrachter. Beide beruhen auf der angeborenen Kreativität des Gehirns ... Heute würden wir die Reaktion [auf ein Kunstwerk] möglicherweise den Spiegelneuronen ... zuschreiben.« Denn die Kognitionspsychologen »lehrten uns, daß wir von Künstlern geschaffene Bilder in unserem Gehirn neu erschaffen.«

Das setzt natürlich voraus, daß unsere Spiegelneuronen in der Lage sind, mit der Darstellungsform und der darin ausgedrückten Erlebniswelt des Künstlers in Korrespondenz zu treten. Wer noch in der Zeit aufgewachsen ist, in der diese Entwicklung als »entartete Kunst« verfemt und rigoros bekämpft wurde, wird nach deren Ende zunächst in große Unruhe geraten sein, vielleicht noch nicht einmal so sehr bei der ersten Begegnung mit Bildern von Cezanne, van Gogh und den Impressionisten, höchstwahrscheinlich aber bei den Darstellungen menschlicher Körper bei

Schiele, dem späten Picasso oder Giacometti und erst recht bei vielen Gegenwartskünstlern. Bei näherer Betrachtung entpuppt sich allerdings auch hier wieder das Sprengen traditioneller Formen als Befreiung von rationaler Einengung. Dem Verlust an unmittelbarer Zugänglichkeit steht ein Gewinn an künstlerischer Freiheit in der Darstellung von Assoziationen gegenüber, die weit über das hinausgehen, was bis dahin mit konventionellen Mitteln erreichbar gewesen war.

Dem rein mentalen Bewußtsein muß dies als Verlust an Konkretheit und als Abgleiten ins Irrationale erschienen sein. Für das ganzheitlich magisch-mythisch-mental fundierte integrale Bewußtsein war es dagegen gerade deshalb ein so entscheidender Gewinn, weil es das Rationale eben nicht zum Irrationalen abwertet, sondern über die rationale Vorstellung und Begründung hinausreicht und sie zum Arationalen erweitert. Das Übersteigen des sinnlich Wahrnehmbaren ist hier nicht Abwertung, sondern Aufwertung.

Wie alles grundlegend Neue, wird auch diese Entwicklung einige Zeit brauchen, um nach der Trennung von Spreu und Weizen den ihr gebührenden Platz in der Kunstgeschichte einzunehmen. Vorerst gilt für Malerei und Skulptur das gleiche wie für Naturwissenschaft und Philosophie. Auch hier können wir trotz aller Fortschritte in der mentalen Durchdringung kaum sagen, daß wir mit der Suche nach einer universell gültigen Form der künstlerischen Ausdruckstiefe wesentlich weiter seien als die Künstler der Steinzeit auf der magischen Bewußtseinsstufe. Gerade manche »postrationale« Kunst ist in ihrer scheinbar schlichten, aber um so wirkungsvolleren Darstellungsform der vorgeschichtlichen oft verblüffend nahe (Abbildung 6).

Abb. 6 Skulptur eines »Denkers« der südosteuropäisch-neolithischen Hamangia-Kultur um ca. 4800 v. Chr. (Haarmann: »Das Rätsel der Donauzivilisation«)

Es scheint, als seien die Rückbesinnung auf die älteren Bewußtseinsanteile und ihr gleichgewichtiges Zusammenwirken mit dem mentalen Anteil Voraussetzungen, um die einseitige Dominanz des Rationalen zu überwinden: ganzheitliche Wahrnehmung durch Vereinigung alles Bisherigen in der integralen Bewußtseinsform.

Ähnliche Entwicklungen wie die bildende Kunst haben ihre drei musischen Pendants durchlaufen: Tanz, Musik und Theater. Zwar reichen unsere historischen Kenntnisse bei diesen rasch vergänglichen Kunstformen sehr viel weniger weit zurück als bei den »für die Ewigkeit« geschaffenen Objekten der bildenden Kunst. Aber zumindest für Tanz und Musik besitzen wir viele indirekte Zeugnisse, darunter eine noch heute spielbare, etwa 35 000 Jahre alte Flöte aus Vogelknochen sowie zahllose bildliche Darstellungen von Tänzern und Musikern.

Dagegen stammen die frühesten Belege für Theateraufführungen erst aus der Zeit der großen griechischen Tragödiendichter, viele sogar als vollständig erhaltene, zweieinhalb Jahrtausende alte Originaltexte, während musikalische Notentexte erst seit der Gregorianik im 9. Jahrhundert bekannt sind.

Jede dieser drei Kunstrichtungen erlebte um die Wende vom 19. zum 20. Jahrhundert den gleichen großen Bruch mit den gewohnten Traditionen wie die bildende Kunst. In der Musik war das Sprengen der konventionellen Formen durch die Abkehr von der Tonalität und von der Bindung an traditionelle Musikinstrumente eine Revolution, die für viele ungeübte Ohren noch immer fremd und unzugänglich ist. Eine wichtige, bereits im späten 16. Jahrhundert eingeleitete Vorstufe war die Loslösung von textgebundenen, inhaltlichen Vorgaben in den freien Ausdrucksformen der »absoluten« Instrumentalmusik der Barockzeit.

Auch Tanz und Theater entwickelten Freiheiten in Form und Inhalt, die sämtliche Konventionen außer Kraft setzten. Das Spektrum reicht von herausragenden Neuinterpretationen klassischer Vorlagen bis zur völligen Verfremdung von Originaltexten und -inhalten, nicht selten als äußerst freizügige und vordergründige Umwandlung ins Banale anstelle tiefgründiger Charakterstudien.

Tanz und Theater sind zu flüchtig, als daß über die meisten Inszenierungen ein dauerhaftes Urteil gefällt werden könnte oder müßte. Spreu und Weizen werden sich rasch trennen. Die besten und langfristig überzeugendsten Aufführungen, ebenso wie bewahrenswerte Filmproduktionen, werden in elektronisch gespeicherter Form lange genug überdauern, um ein späteres Urteil aus gebührender Distanz zu erlauben.

Eine gesonderte Entwicklung nahm die Philosophie. Einerseits war sie spätestens seit ihrer Trennung von den Naturwissenschaften im 17. und 18. Jahrhundert viel zu sehr in einzelne personen-, schulen- und zeitbezogene Richtungen aufgefächert, als daß sich eine einheitliche Linie ausmachen ließe: Idealismus, dialektischer Materialismus, Nihilismus, Positivismus, Existentialismus, Konstruktivismus, Realismus und zahllose andere. Andererseits hat die Eigenständigkeit der Naturwissenschaften insbesondere im 20. Jahrhundert zu einem bemerkenswerten Rollentausch mit der Philosophie geführt. Nun betrieben kaum noch Philosophen Naturwissenschaft, wie es vom klassischen Altertum bis zu Kant eher selbstverständlich gewesen war. Jetzt waren es auffallend viele Naturwissenschaftler, die sich mit philosophischen Fragen beschäftigten, vor allem die Vertreter der neuen Quantenphysik wie Erwin Schrödinger, Niels Bohr, Werner Heisenberg und Carl Friedrich von Weizsäcker, aber auch zahlreiche Biologen, darunter Charles Darwin, Konrad Lorenz, Adolf Portmann und Ernst Mayr.

Dahinter verbarg sich die ganze Tragweite der revolutionären wissenschaftlichen Entdeckungen im ausgehenden 19. und im 20. Jahrhundert, die auch alle anderen Lebensbereiche erfaßten. Das scheinbar so sichere Gebäude von Kausalbezügen, das die rationale Wissenschaft in der Überzeugung errichtet hatte, bei ausreichender Detailkenntnis jede Zustandsänderung voraussagen zu können, hatte sich plötzlich in ein schwankendes Schiff verwandelt. Aus der verläßlich geglaubten Abfolge linearer Reaktionsketten wurden so unerwartete Phänomene wie Chaotische Bewegungen, Zufallsereignisse, Singularitäten und Nichtlineare Dynamik.

Diese überraschenden Erkenntnisse nicht nur in mathematischen Formeln, sondern nun auch philosophisch zu einem kohärenten, empirisch begründeten Weltbild zusammenzufügen, war das Anliegen der neuen Naturphilosophie. Naturgemäß konnten dies am ehesten die Forscher selbst leisten. Und immer wieder leuchtete dabei Platon als früher Vorläufer und großes antikes Vorbild durch. Jeder suchte auf seine Weise dazu beizutragen, die vielen experimentellen Teilbefunde, die jetzt an die Stelle von Platons spekulativen Ideen getreten waren, in ein einheitliches Ganzes zu integrieren.

Und auch für die Prosadichtung und die Lyrik, die komprimierteste (ge-dichtete) Form der Aussage, ließen sich viele Beispiele für einen erweiterten Durchblick anführen. An dieser Stelle beschränke ich mich auf ein kurzes Gedicht aus der »Lyrik eines Landstreichers« von Uwe Schade: »Die

Welt ist offen / Du suchst zu schließen / Die Welt ist verbunden / Du suchst zu trennen / Die Welt ist Verwandlung / Du versuchst die Form.« In meiner Interpretation: In der Rückschau auf die magisch geschlossene und die mythisch-mental getrennte und geformte Welt jetzt der Blick auf eine offene, sich wandelnde und in sich verbundene Welt.

So weit meine Anmerkungen zur allseits spürbaren Entfaltung der nächsten, integralen Stufe unseres Bewußtseins. Dabei habe ich die alles dominierenden sozialen und technologischen Umbrüche nicht noch einmal gesondert betont. Direkt oder indirekt habe ich sie vielfach erwähnt. Dazu zählen auch die großen National- und Demokratiebewegungen der letzten Jahrhunderte, das imperiale Machtstreben und die kriegerischen Auseinandersetzungen mit oder zwischen den neuzeitlichen Diktaturen sowie die zahlreichen sonstigen Regional- und Globalkonflikte um Ressourcen, Selbstbestimmung oder beides. Und in vielen Weltregionen flammen immer wieder neue Brände auf oder lodern alte unvermindert weiter.

Sind auch dies alles Fanale eines großen Aufbäumens, das eine bevorstehende Wende ankündigt? Und wenn ja, wird dies dann ein dramatischer Kollaps oder ein Wechsel zur bewußten Gestaltung einer gemeinsamen Zukunft sein? Sind es jetzt ausgerechnet die europäischen Völker, deren friedliche Vereinigung – die »europäische Integration« – ein neues, integrales Bewußtsein der Zusammengehörigkeit ausstrahlt, nachdem sie mit ihren innereuropäischen Kriegen und weltweiten Eroberungen und Unterdrückungen Jahrhunderte lang eine besonders unrühmliche Rolle der Trennung und des Dominantstrebens gespielt haben? Oder fallen sie doch wieder in das rationale »Teile und Herrsche« zurück und befördern damit den Kollaps?

Vieles Weitere verdiente ebenfalls erwähnt zu werden, doch das würde den ohnehin schon sehr weit gespannten Bogen endgültig überdehnen. Statt dessen verweise ich nochmals auf das umfassende Werk von Jean Gebser sowie auf meine Schlußfolgerungen für eine neue Form des bewußten und verantwortlichen Handelns am Ende dieses Buches.

Hier überlasse ich das Wort für eine kurze und prägnante Zwischenbilanz dem Dichter Rainer Maria Rilke, der in vielen Variationen, besonders eindrucksvoll in zwei viel zitierten Gedichtzeilen, das integrale, durchblickende Bewußtsein erfühlt und ausgedrückt hat: »Ich lebe mein Leben in wachsenden Ringen, / die sich über die Dinge ziehn« – Innenwelt und Außenwelt als dynamisch verflochtene Einheit. Und in einem Brief an Witold von Huléwicz geht er sogar noch einen Schritt weiter mit dem Satz: »Es gibt weder ein Diesseits noch ein Jenseits, sondern die große Einheit.«

Deutlicher läßt sich wohl kaum ausdrücken, wie sehr sich die einseitige Dominanz des mentalen, teilenden Bewußtseins inzwischen erschöpft hat. Sogar im allgemeinen Sprachgebrauch offenbart sich die Erschöpfung, etwa in den Bezeichnungen für die Nachahmungen einstmals kraftvoller, aber längst ausgeschöpfter Stilepochen in der Zeit des Historismus (Neoromanik, Neogotik usw.) oder in den Abgesängen auf unsere eigene Zeit, die uns auf dem Weg in die »postindustrielle«, »postmaterielle«, wie auch immer geartete »postmoderne« Gesellschaft begleiten.

Werden jetzt aus den vielen Einzelteilen und Teilansichten zusammenwachsende Ringe – Ganzheit und Durchblick –, vielleicht sogar Einsicht in die Dringlichkeit einer grundsätzlichen Neuausrichtung unseres Lebensstils? Auch Rilke erkannte ja in seinem Bild von den wachsenden Lebensringen eine Selbstverpflichtung: »Ich werde den letzten wohl nicht mehr vollbringen, / aber versuchen will ich ihn.«

Die Zurückhaltung, die das Wort »versuchen« darin ausdrückt, hat ihre tiefe Berechtigung. Unser Bewußtsein ist nicht nur von Natur aus störanfällig, es kann sogar so widerständig sein, daß es sich einem noch so ernsthaften Versuch, etwas zu vollbringen, beharrlich widersetzt. Das kann die Folge einer kaum noch korrigierbaren Prägung, aber auch eines pathologisch gestörten oder »gespaltenen« Bewußtseins sein.

Gestörtes / Gespaltenes Bewußtsein

Der materielle Sitz des Bewußtseins, das Gehirn, ist nicht nur anatomisch, sondern als Ort jeglicher Sinnesempfindung auch funktionell essentieller Bestandteil des Körpers, in dem direkt oder indirekt alles mit allem interagiert. Was immer in einem anderen Körperteil geschieht, wie Nahrungsmangel, Verletzung oder Normalzustand, löst eine entsprechende Empfindung im Bewußtsein aus: Hunger, Schmerz oder Wohlbefinden. Umgekehrt werden auch alle Körperfunktionen von der jeweils vorherrschenden Bewußtseinslage beeinflußt. Körper und Bewußtsein haben ihr gemeinsames Funktionszentrum im Gehirn, über das sie miteinander kommunizieren und aufeinander einwirken.

Jeder weiß aus eigener Erfahrung, wie sehr gedrückte Stimmung die körperliche Leistung beeinträchtigen und wie sehr Hochstimmung sie beflügeln kann. Auslöser können Trauer oder Freude, Mißerfolg oder Erfolg, Tadel oder Lob, aber auch »ansteckende« Stimmungen anderer sein. Bekanntes Beispiel sind Sportler, die nach einer Serie von Niederlagen »mental angeschlagen« und nach stimulierenden Siegen »in Hochform« sind. Aber auch umgekehrt bietet nur ein gesunder Körper die Voraussetzung für eine ausgeglichene oder positive Gestimmtheit.

Die physiologische Basis dieses Zusammenwirkens von Körper und Bewußtsein ist ein komplexes Wechselspiel molekularer Botenstoffe (Neurotransmitter). Je nach Art und Zusammensetzung können sie Streß-, Angst- oder Glücksgefühle, Zufriedenheit, Aggression oder Empathie auslösen. So besitzt zum Beispiel unser Gehirn ein Belohnungszentrum, das positiv auf den Neurotransmitter Dopamin reagiert. Dessen Niveau wird im Normalfall durch körpereigene Mechanismen geregelt und sorgt für eine entsprechende Stimmungslage. Es kann aber auch durch zusätzliche Dopamin-Gaben, synthetische Ersatzstoffe oder pflanzliche Drogen wie Haschisch, Meskalin, Opium oder Kokain manipuliert werden.

Analoges gilt für eine Reihe weiterer Neurotransmitter, so daß die Transmitter-regulierten Bewußtseinszustände therapeutisch oder auch aus anderen Motiven künstlich verändert werden können, etwa um zu »dopen« oder um Rauschzustände hervorzurufen.

Eine therapeutisch häufig verwendete Substanz ist der synthetische, Dopamin-analoge Wirkstoff L-Dopa, mit dem unter günstigen Umständen bestimmte Formen von Parkinson-Erkrankungen, psychotischen Zuständen oder von Dopamin-Mangel begleiteten Hirntraumata therapiert werden können. Eine stets drohende Gefahr ist allerdings die falsche Dosierung, die zu Über- oder Unterstimulierung oder anderen nachteiligen Reaktionen führen kann, im Extremfall zu schweren psychischen und / oder körperlichen Ausfällen.

Diese Gratwanderung zwischen Therapie und Schädigung ist in jedem Einzelfall der Schlüssel zu Erfolg, Mißerfolg oder Mißbrauch. Sie ist aber auch ein deutlicher

Hinweis darauf, wie sensibel Bewußtseinszustände auf Störungen der Balance zwischen den verschiedenen Neurotransmittern reagieren können. Das betrifft ebenso die normalen Schwankungen bei wechselnden körperlichen oder geistig-seelischen Zuständen wie die abnormalen Zustände, die genetisch, physiologisch, traumatisch oder durch Drogenkonsum bedingt sein können. Letztere hat Aldous Huxley als Ergebnis eines Selbstversuchs mit Meskalin in den beiden Essays »Die Pforten der Wahrnehmung« und »Himmel und Hölle« höchst eindrucksvoll dokumentiert und kommentiert.

Den gegenwärtigen Stand der neurologischen, psychologischen und psychosomatischen Bewußtseinsforschung, einschließlich der verschiedenen Formen dissoziativer oder anderweitiger Bewußtseinsstörungen, haben Dieter Vaitl in »Veränderte Bewußtseinszustände« und Johann Caspar Rüegg in »Mind & Body« beschrieben.

Die Frage, was im Einzelfall unter normal und was unter abnormal zu verstehen ist, beantwortet sich eigentlich von selbst. Da es fast immer fließende Übergänge sind, können die Grenzen nur willkürlich sein und nur da liegen, wo sie von der jeweiligen Mehrheit (die sich stets als normal einstuft) gezogen werden. Im Folgenden werde ich die beiden Begriffe überall da in Anführungszeichen setzen, wo mir ihre mangelnde Eindeutigkeit besonders erwähnenswert erscheint.

Das wohl bekannteste Beispiel eines im Extremfall hochgradig abnormalen, krankhaften Zustands ist die Schizophrenie oder »Bewußtseinsspaltung«, bei der Teile des Bewußtseins durch fehlerhaften oder gänzlich unterbrochenen Informationsaustausch vorübergehend oder dauerhaft voneinander getrennt sind. Ursache können traumatische – oft frühkindliche – Erlebnisse, genetische Faktoren oder das Zusammentreffen von beidem sein. Die Folge sind mehr oder weniger schwerwiegende psychotische Symptome. Eine charakteristische Erscheinungsform ist das plötzliche, erregungsbedingte (»affektive«) Umspringen von einem Bewußtseinszustand in einen anderen, häufig begleitet von irrealen Sinnes- oder Gefühlswahrnehmungen (Halluzinationen), die vom Betroffenen jedoch als absolut real erlebt werden. Daher wird diese abrupte Veränderung auch weder unmittelbar noch im nachhinein als eigenes Geschehen erlebt und statt dessen auf andere Personen projiziert.

Derartige Fälle von Bewußtseinsspaltung sind extreme Formen zeitweiliger oder auch langfristiger, in jedem Fall abnormaler Persönlichkeitsveränderungen. Darüber hinaus weisen sie aber auch auf eine mildere, üblicherweise als normal empfundene Form menschlichen Verhaltens hin, bei der das Bewußtsein ebenfalls vorübergehend aus dem Takt gerät. Wir halten es zum Beispiel für normal oder sogar gesund, zumindest nicht für krankhaft abnormal, wenn jemand »im Affekt«, also im Zustand starker psychischer oder körperlicher Erregung, »ausrastet« und »die Kontrolle über sich verliert«. Die Person ist »außer sich« vor Erregung: sie ist außerhalb ihres »normalen« Bewußtseinszustandes.

Bis an die Grenze totaler Enthemmung und Destruktivität betrachten wir eine solche Affektreaktion als – oft sogar heilsames – »Normalverhalten außerhalb des Normalzustands«. Eine andere, im Kontext dieses Buches besonders relevante Form von gespaltenem Bewußtsein ist jedoch eine noch viel alltäglichere Erscheinung, die wir erst recht als Normalverhalten erleben und die uns meistens nicht bewußt wird. In unterschiedlichen Varianten sind wir alle davon betroffen, besonders auffällig in unserem kollektiv geprägten Konsumverhalten. Ich beschränke mich hier auf wenige aktuelle Beispiele aus einer beliebig langen Liste.

Beispiel 1: Einen eklatanten Fall von Bewußtseinspaltung habe ich in anderem Zusammenhang bereits erwähnt (S. 126): die Umwandlung unersetzlicher, ökologisch und klimatisch unschätzbar wertvoller und als solche klar erkannter tropischer Regenwälder in bestenfalls vorübergehend ertragreiches »Nutzland« zur Herstellung von Billigfleisch, »Biosprit« und Holzprodukten.

Beispiel 2: Trotz häufiger Medienberichte über eine bedrohliche Zunahme antibiotikaresistenter »Krankenhauskeime« und trotz ebenso eindringlicher Berichte über die gewaltigen Antibiotikamengen, die weltweit allein in der Intensivtierhaltung eingesetzt werden und von da aus ins Grundwasser und in Nahrungsmittel gelangen, werden nie zuvor gekannte Mengen an Fleisch- und Wurstwaren – überwiegend aus der Massen- und Intensivtierhaltung – zu nie gekannten Billigpreisen produziert und konsumiert. Und dennoch, trotz dieses Wissens, plädieren viele der Konsumenten mit einem anderen Teil ihres Bewußtseins ausdrücklich für gesunde, antibiotikafreie Ernährung, eingeschränkte Antibiotikanutzung für Mensch und Tier, artgerechte Tierhaltung und globalen Umweltschutz.

Beispiel 3: Mit ähnlich gespaltenem Bewußtsein werden massenhaft Edelrosen und andere Schnittblumen aus Entwicklungsländern importiert, wo sie unter ökologisch und sozial inakzeptablen Bedingungen zu Lasten der heimischen Nahrungsproduktion angebaut werden. Gleichzeitig wird die Selbstversorgung der lokalen Bevölkerung mit Nahrungsmitteln einerseits durch hochsubventionierte Exporte verhindert, andererseits durch Entwicklungshilfeprojekte derselben Exportländer sowie durch private Spenden – auch von vielen der Importblumenkäufer – gefördert. Dabei werden auf beiden Seiten große Mengen an klimabelastender Energie für Anbau, Transport, Kühlung, Lagerhaltung und lokalen Vertrieb verbraucht, während hochrangige Vertreter derselben Im- und Exportstaaten in (energie-)aufwendigen »Gipfeltreffen« weitgehend folgenlos über die Bekämpfung von Hunger und Armut und die Rettung eines vermeintlich gerade noch erträglichen Erdklimas beraten.

Es sind jedoch nicht wir, die wohlhabenden Konsumenten, die neben den direkten Produktions-, Transport- und Vertriebskosten auch die indirekten, sehr viel höheren ökologischen, sozialen und ökonomischen Folgekosten tragen. Die Hauptlast tragen außer der unmittelbar betroffenen Bevölkerung insbesondere die uns nachfolgenden Generationen. So stehen auf der einen Seite wir, die entweder passiv-gedankenlos oder eigennützig-absichtsvoll handelnden Verursacher, und auf der anderen Seite die wehrlos in die Rolle der Benachteiligten Gedrängten, deren ungleich härtere Lebensbedingungen und immer stärker bedrohte Zukunft wir obendrein noch wortreich beklagen.

Wie können derart widersprüchliche Verhaltensweisen in einem »normal« funktionierenden Bewußtsein überhaupt nebeneinander existieren? Und was könnte eine Antwort auf diese grundlegende Frage für unsere anstehenden Handlungsentscheidungen besagen?

Natürlich kann niemand sämtliche Details und Zusammenhänge seiner Lebensumstände abrufbereit im Gedächtnis haben und bei Bedarf zu einem vollständigen Ganzen zusammenfügen. Insoweit ist ein Leben mit gespaltenem Bewußtsein bis zu einem gewissen Grad unvermeidlich, allein schon um die volle Konzentration auf ein bestimmtes Vorhaben zu ermöglichen. Aber jedem denkenden Menschen sollte es möglich sein, sich *dieses einmal erworbene Wissen so deutlich bewußt zu machen,* daß zumindest *alle verfügbaren Kenntnisse* bei jeder Beurteilung einer Situation so weit wie möglich berücksichtigt werden. Denn eben dies ist ja ein wesentliches Charakteristikum des integralen Bewußtseins: alle vorhandenen Bewußtseinsanteile zu einem zusammengehörenden Ganzen, in diesem Fall zu einem fundierten Urteil, zu vereinigen.

Dazu gehört dann allerdings auch das Vermögen, ein fundiertes Urteil von einer bloßen Meinung und erst recht von einem Vor-Urteil zu unterscheiden.

Meinung, Urteil und Vorurteil

Wie weit eine allgemeine, »gängige« Meinung von einem fundierten eigenständigen Urteil entfernt ist, verrät schon der übliche Sprachgebrauch. Allein so unkonkrete Begriffe wie Meinungsführer, Mehrheitsmeinung oder Meinungsumfrage sagen viel über die Unverbindlichkeit und Beeinflußbarkeit von Meinungen aus. Für die große Mehrheit sind die maßgeblichen Meinungsführer vor allem die Massenmedien (die ja überwiegend bereits bestehende oder unterschwellige Mehrheitsmeinungen wiedergeben) sowie die Politiker, die darum bemüht sind, für mehrheitliche Meinungen (nur in Sonderfällen auch Urteile) zu werben.

Die bloße, unreflektierte Übernahme derartiger Meinungen ist aber nichts anderes als das Schwimmen mit dem Strom der Masse. Zwar kann die Fließrichtung des Stroms durchaus dieselbe sein, die sich auch aus eigener Urteilsbildung ergeben hätte. Doch damit ändert sich nichts an der weiten Entfernung zwischen einer unverbindlichen Meinung und einer bewußten, eigenständigen Urteilsbildung.

Im Rechtswesen bildet das Urteil den Abschluß eines Verfahrens, in dem alle für die Urteilsfindung relevanten Tatbestände geprüft und zusammenfassend be-urteilt wurden. Der Angeklagte wird entweder ver-urteilt oder freigesprochen. Da aber auch Fehlurteile wegen der prinzipiellen Unvollständigkeit jedes Tatbestands nie auszuschließen sind, werden sie in einem wahren Rechtsstaat durch den Grundsatz »in dubio pro reo« (im Zweifel für den Angeklagten) so weit wie möglich zu vermeiden gesucht.

Die eigene, persönliche Urteilsfindung erfolgt in Analogie zu diesem Verfahren. Sich ein fundiertes Urteil zu bilden heißt, alle für die Beurteilung relevanten Aspekte im Zusammenhang zu bewerten und daraus den objektiv (auf das Objekt bezogen) bestmöglichen Schluß zu ziehen. Auch hier verlangt die prinzipielle Unvollständigkeit jeder Sachkenntnis, im Zweifelsfall entweder bewußt auf ein abschließendes Urteil zu verzichten oder – bei dringendem Handlungsbedarf – sich der Bedingtheit und Vorläufigkeit des Urteils bewußt zu sein und für dessen Korrektur jederzeit offen zu halten.

Insofern ist das – sachlich prinzipiell unbegründete – Vorurteil, das weder auf Objektivität noch auf Offenheit für eine Revision ausgerichtet ist, das Gegenteil eines objektiven Urteils. Denn unausgesprochen bezweckt es ja die eigene psychische Entlastung durch grundlose Projektion von Schuld- oder Minderwertigkeitsgefühlen, Ängsten oder versteckten Wünschen auf andere. Um diese Funktion wirkungsvoll zu erfüllen, muß es möglichst fest gefügt und möglichst weitgehend im Unbewußten angesiedelt sein. Von einem bewußt gefällten Urteil ist es somit noch weiter entfernt als jede unverbindliche, also auch leicht veränderliche Meinung.

Die bewußte Unterscheidung zwischen Urteil, Meinung und Vorurteil ist zwar eine unabdingbare Voraussetzung, um fundierte Entscheidungen zu treffen, schließt aber die Beteiligung von Meinungen und Vorurteilen am Entscheidungsprozeß ebenso wenig aus wie die ihnen zugehörigen mythischen und magischen Bewußtseinsformen (die ja das Fundament und somit feste Bestandteile des integralen Bewußtseins sind). Doch erst das integrierende, wertend verbindende Bewußtsein lenkt den Blick implizit auch auf das *grundsätzliche Wissen um den Unterschied* zwischen Meinung, Urteil und Vorurteil sowie auf die Notwendigkeit, sich dieses Wissen auch *so deutlich bewußt zu machen*, daß wichtige Handlungsentscheidungen nur aufgrund fundierter Urteile gefällt werden.

Das bedeutet jedoch nicht, daß nur der bewußte und nicht auch der unbewußte Anteil des Bewußtseins an der Entscheidung beteiligt wäre. Nach Eric Kandel (»Das Zeitalter der Erkenntnis«) ist das bewußte Denken »schnell überfordert, wenn es um komplexe, qualitative Entscheidungen mit vielen möglichen Alternativen geht, wie beim Autokauf, beim Einschlagen einer neuen Berufslaufbahn oder auch bei der ästhetischen Beurteilung eines Gemäldes. Der Grund für die Überforderung ist, daß das Bewußtsein Aufmerksamkeit erfordert, und diese kann sich immer nur auf eine kleine Auswahl an Möglichkeiten richten – häufig nicht mehr als eine auf einmal. Unbewußtes Denken hingegen umfaßt ein riesiges Geflecht autonomer, spezialisierter Netzwerke im gesamten Gehirn, die in der Lage sind, unabhängig voneinander eine Reihe von Prozessen zu bearbeiten. ... Während bewußte Denkprozesse Informationen schnell integrieren und damit gelegentlich eine widersprüchliche Gemengelage erzeugen, integrieren unbewußte Denkprozesse Informationen langsamer, was ein eindeutigeres, vielleicht auch konfliktfreieres Gefühl hervorruft.«

Urteil und Meinung sind also nicht gleichbedeutend mit Bewußtem und Unbewußtem. Beide Paare bilden jeweils ein Kontinuum, in dem lediglich eine Seite besonders stark betont sein kann. Zwar steht das Urteil dem Bewußten und die Meinung dem Unbewußten näher. Für rasche Entscheidungen können sogar spontane Meinungen oder »Bauchgefühle« wertvolle oder gar die einzig mögliche Hilfe sein (Gigerenzer). Aber so wichtige und weitreichende Entscheidungen wie diejenige für gemeinschaftliches Handeln zur nachhaltigen Sicherung einer menschenwürdigen Zukunft verlangen eine umfassende und fundierte Beurteilung der Lage und ein klares Bewußtsein der Zielrichtung des Handelns.

Doch wie soll ein solches Urteil über Handlungsentscheidungen zustande kommen, die die ganze Menschheit betreffen? Wie sollen bewußte, universell wirksame Entscheidungen gefällt werden, wenn doch jedes einzelne Bewußtsein individuell geprägt ist und sich zudem noch laufend verändert?

Damit sind wir wieder bei der eingangs gestellten Kernfrage angelangt: Ist es überhaupt denkbar, daß ein Bewußtsein, das in seiner gesamten bisherigen Evolution auf quantitatives Wachstum ausgerichtet war, innerhalb kurzer Zeit eine grundlegend andere Richtung einschlägt?

Im folgenden, abschließenden Kapitel werde ich versuchen, eine schlüssige und möglichst realitätsnahe Antwort darauf zu finden. Auch dazu bildet das Wort von Albert Einstein das Leitmotiv: »Ein Problem kann nicht von dem-

selben Bewußtsein gelöst werden, das es geschaffen hat.«
Das neue integrale Bewußtsein geht nicht mehr wie das
bisherige mentale vom partikularen Denken, Handeln und
Begründen aus, sondern von der ganzheitlichen Betrachtung und ganzheitlichen Berücksichtigung allen verfügbaren Wissens. Es ist ein auf Gemeinsinn und Vorsorge ausgerichtetes ökosoziales Bewußtsein, auf das ich im nächsten
Kapitel näher eingehen werde.

Handeln aus ökosozialem Bewußtsein

Entweder überwinden wir die Krise, oder sie überwindet uns.
(JEAN GEBSER, »URSPRUNG UND GEGENWART«)

Das nicht sehr gebräuchliche Wort »ökosozial«, das ich diesem Kapitel als Leitbegriff voranstelle und damit besonders betonen möchte, erfordert vorab eine Definition und eine Begründung. Die Definition ergibt sich analog zu ähnlichen, gebräuchlicheren Wortkombinationen wie ökologisch, ökonomisch oder sozialverträglich aus der Bedeutung der jeweiligen Teilbegriffe. Demnach ist das ökosoziale Bewußtsein ein Bewußtsein, das auf *ökologische, ökonomische* und *soziale* Belange gleichermaßen und vorrangig Rücksicht nimmt, sie als miteinander verflochtenes Ganzes sieht und sich der Tatsache bewußt ist, daß jeder dieser drei Teilaspekte für ein gedeihliches menschliches Zusammenleben unerläßlich ist.

Daraus ergibt sich wiederum die Begründung: *Ökologische Rücksichtnahme* ist eine Grundvoraussetzung für den Erhalt einer Biosphäre, die menschliches Leben sowohl prinzipiell als auch längerfristig zuläßt. Entsprechendes gilt für *ökonomisches Haushalten* im Sinn einer nachhaltigen Wirtschaftsführung sowie für ein *sozial ausgewogenes Miteinander*, das der menschlichen Natur als Sozialwesen ebenso Rechnung trägt wie der übrigen Natur und deren Erfordernissen.

Das ökosoziale Bewußtsein vereinigt drei unverzichtbare, gleichrangige und allen anderen Belangen übergeordnete Aspekte: Vorsorge für künftiges menschliches Leben, Solidarität mit sozial Bedürftigen (im beiderseitigen Interesse) und Bewältigung der damit verbundenen ökologischen, ökonomischen und sozialen Herausforderungen.

Ökosoziales Bewußtsein bedeutet Denken und Handeln im Bewußtsein der Einheit von Natur und Mensch.

Natur und Mensch

Das einleitende Kapitel hatte von der Natur des Menschen gehandelt und mit einem Abschnitt »Mensch und Natur« geendet. Darin hatte ich die Gefahr betont, die der Spezies Mensch bei Mißachtung ihrer naturgegebenen Grenzen droht. Die jetzige Umkehrung in »Natur und Mensch« soll diese Betonung noch einmal verstärken, indem sie die Natur als Ganzes über den Menschen als lediglich einen ihrer vielen einander ergänzenden Teile stellt. Denn je weiter unsere Kenntnisse über die Details und die inneren Zusammenhänge aller uns zugänglichen Erscheinungsformen der Natur fortschreiten, um so deutlicher zeichnet sich die prinzipielle Begrenztheit nicht nur unserer Erkenntnis-, sondern auch unserer Eingriffsmöglichkeiten ab.

Mit dieser Feststellung will ich weder die großartigen Errungenschaften von Wissenschaft und Technik und deren weitere Entwicklungen im Grundsatz – je nach Art und Ziel der Anwendung – in Frage stellen noch ihre kulturgeschichtliche Bedeutung als geistige Leistung und praktische Lebenshilfe schmälern. Dennoch wird zweierlei immer offenkundiger: Wir können die Naturgesetze lediglich in der uns vorgegebenen Form *nutzen*, ohne sie auch nur im geringsten verändern zu können, und wir *über-nutzen* die begrenzten Ressourcen unseres natürlichen Lebensraums mit immer wirkungsvolleren Mitteln in immer bedrohlicherem Ausmaß.

Wie weit die menschlichen Eingriffe in die natürliche Entwicklung bereits gegangen sind, läßt sich an einer Vielzahl uns umgebender Beispiele ablesen. Man braucht nur die Zahlen der wenigen heute noch frei lebenden Wildformen mit den Zahlen ihrer verwandten, über Jahrtausende gezüchteten Haus- und Nutztiere zu vergleichen. Zum Beispiel Wölfe, Wildkatzen oder Wildrinder mit den Milliarden von Haushunden, Hauskatzen oder Milchkühen und Schlachtrindern – je nach Nutzwert und züchterischem Ehrgeiz in vielen verschiedenen, zum Teil extrem naturfernen Zuchtrassen.

Oder als weiteres Beispiel ein Vergleich der wenigen verbliebenen Reste gänzlich unberührter Natur mit den insgesamt vom Menschen in Nutzland umgewandelten, ehemals natürlichen Biotope: Land-, Forst- und Gartenwirtschaft; Siedlungen aller Art; Straßen, Bahnlinien und kanalisierte Flüsse; Industrie- und Gewerbeflächen; Ferien- und Freizeitanlagen usw. Und selbst da, wo es die Reste noch gibt, sind es fast immer zu kleine und zu weit voneinander entfernt liegende Areale, als daß die Artenvielfalt und deren »dynamische Stabilität« (einschließlich der Wanderbewegungen der darauf angewiesenen Tierarten) die Vielfalt, Dynamik und Stabilität großräumiger natürlicher Ökosysteme auch nur annähernd erreichen könnten.

Zwar ist es höchst unwahrscheinlich, daß der Mensch jemals in der Lage sein wird, die irdische Biosphäre, die ihn hervorgebracht und bis jetzt getragen hat, gänzlich auszulöschen. Dazu ist ihre Grundstruktur viel zu robust. Immerhin hat sie gewaltige Meteoriteneinschläge, Vulkanausbrüche und andere elementare Katastrophen überstanden. Aber in keinem dieser Fälle war das Überstehen gleichbedeutend mit einer Rückkehr zum Ausgangszustand. Immer bedeutete es das Aussterben vieler Arten, die entweder die Katastrophe als solche nicht überlebten oder in der sich neu formierenden Biosphäre nicht mehr konkurrenzfähig waren. An deren Stelle bildeten sich neue Arten oder verbreiteten und diversifizierten sich bereits existierende, die besser an die neu entstandenen ökologischen Nischen angepaßt waren.

Insbesondere in dieser Fähigkeit, selbst dramatische Einschnitte durch flexible Anpassung zu überstehen, zeigt sich die bemerkenswerte Robustheit der irdischen Biosphäre. Jüngstes Beispiel vor dem jetzigen massiven Einwirken des modernen Menschen war das Wiedererstehen einer völlig veränderten Flora und Fauna im nacheiszeitlichen Mittel- und Nordeuropa.

Aber auch ohne derartige äußere Einwirkungen erzeugen die hohe Flexibilität und die Dynamik der biologischen Evolution einen ständigen Wandel in der Zusammensetzung der Biosphäre. Dabei unterliegen alle Arten einem starken Anpassungs- und Selektionsdruck. Sie sind im positiven wie im negativen Sinn Teil des »ewigen Stirb und Werde«. Mehr als 99 Prozent aller im Lauf der Evolution entstandenen Arten sind nach Schätzungen auf diese Weise bereits wieder ausgestorben. Es wäre ein absolutes Novum, wenn Homo sapiens davon ausgenommen wäre.

Dennoch ist Homo sapiens ein evolutionäres Novum: Er ist das erste Produkt der Evolution, das in der Lage ist, die Dauer seiner Existenz durch Reflektieren seiner Situation, bewußtes Entscheiden und selbstbestimmtes Handeln im eigenen Sinn zu beeinflussen. Er kann erkennen, daß die fortgesetzte Zerstörung seiner Lebensgrundlagen der sicherste Weg ist, die Evolution der Biosphäre in eine veränderte, für seine eigene Spezies möglicherweise lebensfeindliche Richtung zu lenken.

Von seltenen Ausnahmen abgesehen, ist das Entstehen neuer und das Aussterben nicht mehr konkurrenzfähiger Arten ein kontinuierlicher Prozeß ohne große Brüche. Doch so selten die Ausnahmen sind, so tiefgreifend können die Einschnitte in diesen Prozeß sein. Die letzte globale Ausnahmesituation vor dem Auftreten des Menschen war ein ungewöhnlich massiver Meteoriteneinschlag im heutigen Mexiko vor mehr als 60 Millionen Jahren. Die bekannteste der vielen dramatischen Auswirkungen auf die weitere Entwicklung der Biosphäre war das Aussterben der Saurier. Deren Spitze in der Hierarchie der Nahrungskette übernahmen daraufhin die Säugetiere, die sich jetzt ungehindert ausbreiten, diversifizieren und durch zum Teil extreme Größenzunahme zur alles dominierenden Klasse unter den Wirbeltieren entwickeln konnten.

Für viele Millionen Jahre waren es nun die großen Raubtiere unter den Säugern, die anstelle der Saurier die unangefochtene Spitzenposition in der Nahrungskette einnahmen – bis sie in jüngster Zeit von Homo sapiens abgelöst wurden. Auf seiner bisher letzten Entwicklungsstufe als technisch begabter und erfindungsreicher Homo faber errang er die absolute Herrschaft nicht nur über das gesamte Tierreich, sondern über alles irdische Leben. Weit mehr noch: Mit ihm hat erstmalig eine einzige Spezies innerhalb kürzester Zeit die biologische Evolution so tiefgreifend verändert wie wenige der großen erdgeschichtlichen Umbrüche zuvor.

Für den ersten dieser beiden jüngsten Umbrüche in der Evolution der Biosphäre, den Meteoriteneinschlag, läßt sich die Zahl der ausgestorbenen Arten kaum abschätzen. Dagegen werden über die Folgen des derzeitigen menschlichen Eingriffs rasch anwachsende Rote Listen aller bekannten Arten geführt, die entweder schon ausgestorben oder unmittelbar vom Aussterben bedroht sind. Und obwohl diese Listen rapide an Umfang zunehmen, enthalten sie nicht einmal die um ein Vielfaches zahlreicheren unbekannten Arten, die mindestens ebenso bedroht sind oder bereits ausgerottet wurden, bevor ihre Existenz überhaupt festgestellt wurde. Am stärksten betroffen sind ausgerechnet die artenreichsten und ökologisch besonders wertvollen »Biodiversitätszentren«: die tropischen Regenwälder, die Korallenriffe und viele weitere, ähnlich artenreiche Schatztruhen der biologischen Evolution mit ihren unwiederbringlichen Genressourcen für künftige Flexibilität und Dynamik der Biosphäre.

Dem oft nur kurzfristigen Gewinn an Land und Rohstoffen für menschliche Nutzung steht ein dauerhafter und irreparabler Verlust gegenüber. Die Qualität und die Stabilität der Biosphäre und des Klimas werden nachhaltig gestört, und die Umwelt wird massiv mit Schadstoffen belastet. Allein die Umwandlung riesiger Waldgebiete der gemäßigten, subtropischen und tropischen Klimazonen in landwirtschaftliche Nutzflächen, Verkehrswege, Städte, Industrie- und Freizeitanlagen bedeutet den Austausch ehemals artenreicher Biotope gegen ökologisch hochgradig verarmte »Kultur«-Flächen. Der größte Teil dieser Flächen besteht heute aus Monokulturen von Nutzpflanzen im Feldanbau und Nutztieren auf Weideland oder in Massentierhaltung.

Sie alle, Nutzpflanzen wie Nutztiere, sind die Ergebnisse einer jahrtausendelangen Züchtungsgeschichte, die auf maximale Leistung zur Herstellung von Nahrungs-, Genuß- und Futtermitteln sowie anderer Verbrauchsgüter abzielte und damit bei Pflanzen wie bei Tieren die natürliche Vitalität durch dauerhafte Abhängigkeit von menschlicher Pflege ersetzte.

Ohne die so erzielten Höchstleistungen, vor allem der wichtigsten Getreidearten Weizen, Reis und Mais, wäre die Ernährung einer Milliardenbevölkerung angesichts der begrenzten Verfügbarkeit von landwirtschaftlicher Nutzfläche, »eingefleischter« Eßgewohnheiten, der Verschwendung von Nahrungsmitteln in den Industrieländern sowie teilweise unterentwickelter Agrarpraktiken und -kenntnisse in den Entwicklungsländern nicht mehr möglich. Doch schon jetzt sind die ökologischen Kosten immens und die langfristigen Folgen noch nicht einmal abschätzbar. Die Verluste sind so vielfältig, daß ich hier nur auf ausführlichere Darstellungen an anderer Stelle verweisen kann (Hahlbrock: »Kann unsere Erde die Menschen noch ernähren?« und »Perspektiven einer nachhaltigen Entwicklung – Szenario Ernährung«). Hier soll nur ein kurzer Hinweis auf eine wichtige Grundtatsache als Beispiel dienen:

Nahezu alle derzeit verwendeten Nahrungs- und Futterpflanzen sind Kultursorten, die unter Verlust anderer Eigenschaften auf drei vorrangige Merkmale hin gezüchtet wurden: optimale Ernteerträge, optimale Nährstoffzusammensetzung und Abwesenheit von giftigen Substanzen und unangenehmen Geschmacksstoffen. Um im normalen Feldanbau hohe Erträge und hohe Nahrungsqualität zu erreichen, sind außerdem geeignete Boden- und Klimaverhältnisse sowie optimale Versorgung mit Nährstoffen, Wasser und Pflanzenschutz zusätzliche Voraussetzungen.

Zahlreiche Eigenschaften, die den ursprünglichen Wildformen ihre natürliche Vitalität verliehen hatten, mußten im Verlauf der Züchtungsgeschichte den Zielen Quantität und Qualität weichen und müssen nun durch entsprechende Maßnahmen kompensiert werden. Dazu gehört in erster Linie ein Ausgleich für den Verlust derjenigen pflanzeneigenen Abwehrstoffe, die den Wildformen als natürliche Abwehr gegen Konkurrenten, Krankheitserreger und tierische Schädlinge dienten und züchterisch beseitigt wurden. Denn als generell wirksame Biozide sind sie auch für den Menschen schädlich. Optimale Erträge, nicht selten Wachstum überhaupt, können unter diesen Bedingungen nur durch künstliche Düngung, chemischen Pflanzenschutz (Herbizide, Fungizide, Bakterizide, Insektizide usw.) und vielfach auch künstliche Bewässerung erzielt werden.

Alle Anzeichen sprechen dafür, daß die Komplexität und die inhärente Dynamik ökologischer Zusammenhänge derart massive Eingriffe in die natürliche Entwicklung der Biosphäre nur in Grenzen zulassen, ohne mit erheblichen dauerhaften Veränderungen zu reagieren. Zwar haben sich Art und Zusammensetzung der Biosphäre im Lauf der Evolution auch ohne plötzliche Einbrüche ständig verändert, etwa durch die mehrmaligen globalen Wechsel zwischen Kalt- und Warmzeiten. Und selbst unter normalen, äußerlich scheinbar ungestörten Bedingungen verändern sie sich allein schon durch die unablässige Konkurrenz der Arten untereinander stetig. Aber der jetzt so ungleiche Konkurrenzkampf aller übrigen Arten gegen den Menschen findet unter gänzlich anderen, nie zuvor erprobten Bedingungen statt. Plötzlich sind die meisten Arten, die sich über lange Zeiträume an ihre Form des Konkurrenzkampfes angepaßt hatten, einer einzigen, weit überlegenen Art wehrlos ausgeliefert.

Diese Situation ist, gemessen an evolutionären Maßstäben, innerhalb so kurzer Zeit entstanden, daß die meisten Versuche einer evolutionären Anpassung kaum erfolgreich wären – allerdings mit einer gefährlichen, im Extremfall sogar menschheitsbedrohenden Ausnahme: der Entstehung neuer Varianten von infektiösen Viren oder Mikroorganismen. Die zahlreichen pandemischen Seuchen, die von Tieren auf Menschen übertragen werden, wie Aids, Ebola, Vogelgrippe, SARS, Schweinepest oder der durch infektiöse Proteine ausgelöste Rinderwahnsinn, sollten Warnung genug sein (Kaufmann; Quammen).

Doch die Chancenlosigkeit vieler anderer Arten gegen den scheinbar so übermächtigen Homo sapiens ist nicht gleichbedeutend mit Wehrlosigkeit der Biosphäre als Ganzes. Auch in diesem Fall wird sich ihre tatsächliche, vom Menschen nicht überwindbare Macht in ihrer immer wieder von neuem gezeigten Stärke erweisen: im Zusammenwirken der mehrfach erwähnten Charakteristika Komplexität, Plastizität, Variabilität und Dynamik. Die gebündelte Kraft dieser Eigenschaften erlaubt es Ökosystemen, die entweder aus dem (instabilen) Gleichgewicht geraten sind oder in ihrer ursprünglichen Form gänzlich vernichtet waren, sich in veränderter Zusammensetzung völlig neu zu formieren.

Doch ob eine derart stark veränderte Biosphäre dann noch lebenstaugliche Bedingungen für den Homo sapiens bieten würde, ist eine offene Frage. Und selbst wenn dies der Fall wäre – würde ihm dann noch genügend Zeit für die Umstellung auf eine neue, ungewohnte und fremdartige Umwelt bleiben?

Selbst die ungewöhnlich rasche und erfolgreiche Anpassung unserer frühen Vorfahren an die allmähliche Umwandlung des afrikanischen Tropenwalds in eine offene Savannenlandschaft, die schließlich zum Homo sapiens führte, hat einige Millionen Jahre in Anspruch genommen. Ist es angesichts der vergleichsweise dramatischen Geschwindigkeit und Radikalität, mit der wir jetzt innerhalb weniger Jahrhunderte die gesamte Biosphäre massiv verändern, nicht allerhöchste Zeit, uns das wahre Dominanzverhältnis von Natur und Mensch bewußt zu machen? Sollten etwa die offenbar universell gültigen Eigenschaften, denen alle sonstigen natürlichen Erscheinungen vom einfachen Kristall bis zum komplexesten Ökosystem ihre vorübergehende Existenz verdanken, ausgerechnet beim menschlichen Bewußtsein versagen?

Die Rolle des Bewußtseins

Daß diese Eigenschaften nicht nur für alle sonstigen natürlichen Erscheinungen, sondern grundsätzlich auch für das menschliche Bewußtsein gelten müßten, legen allein schon dessen biologische und kulturelle Entwicklung und lebenslange Wandlungsfähigkeit nahe. Folglich müßten den hier aufgeworfenen Fragen andere, spezifischere Ursachen zugrunde liegen.

Nach allem bisher Festgestellten könnten drei Ursachen, so unwahrscheinlich sie wären, am ehesten plausibel erscheinen: 1) Eine *stabile genetische Programmierung* auf Wachstum und Ausbeutung könnte unüberwindbar im Instinktverhalten verankert sein; 2) der einmal in Gang gesetzte Sog der anonymen Masse (*die Beharrungstendenz*) könnte zu stark sein, um kurzfristig überwunden zu werden; 3) die in Grenzen unerläßliche *Spaltung des Bewußtseins* könnte zu stark sein, um innerhalb kurzer Zeit so weit auseinander liegende Aspekte in Einklang zu bringen wie ein aus ferner Vergangenheit überkommenes, nie anders praktiziertes Verhalten mit einem grundlegend veränderten, auf die Zukunft ausgerichteten Lebensstil.

Keine dieser Möglichkeiten würde gegen die Gültigkeit der charakteristischen Merkmale der Biologie auch beim menschlichen Bewußtsein sprechen. Und für jede von ihnen ließen sich konkrete Beispiele, aber auch gewichtige Gegenargumente anführen. Da mir jedoch ein dem allen übergeordnetes Argument wesentlich überzeugender erscheint, will ich mich darauf beschränken. Es beruht auf der Tatsache, daß wir uns des Problems zwar inzwischen voll bewußt sind, ihm aber dennoch nicht entsprechen. Offenbar ist es also nicht ein Problem des *Bewußtseins*, sondern des *Verhaltens*.

Noch zur Zeit der weiten »unerforschten« Gebiete in allen außereuropäischen Erdteilen, als die Biosphäre noch weitgehend unbekannt und durch menschliche Aktivitäten noch sehr viel weniger beeinträchtigt war, mußte sie den Menschen in der beginnenden Ära von Wissenschaft, Technik und Naturausbeutung als unerschöpflich und unzerstörbar erschienen sein. Um so mehr konnte man sie als wohlfeile Ressource und erstrebenswerten Besitz ansehen, den nun die militärisch und politisch Mächtigsten unter sich aufteilten. Es war die Epoche, in der »die Bäume Besitzer bekamen« und das rationale Zählen, Aufteilen, Aneignen und Vermehren den Kulminationspunkt des mentalen Bewußtseins und Verhaltens markierte.

Und nun stellt das neue, integrale Bewußtsein mit Betroffenheit fest, wie weitgehend und bedenkenlos die naturgegebenen Grenzen dabei mißachtet wurden und auch weiterhin mißachtet werden. Immerhin: das integrale Bewußtsein erkennt das Problem. Aber kann es auch eine Lösung bieten für das offenkundige Dilemma, daß »zu einem gegebenen Zeitpunkt nur *eine* stabile neuronale Repräsentation im Fokus des Bewußtseins stehen [kann]« (S. 148) und auch jedes naturwidrige Verhalten nur in einem ausgewählten Teilbereich geschieht – daß hinter dem einzelnen Baum, der gerade »im Fokus des Bewußtseins steht«, der nährende und schützende Wald nicht gesehen wird?

Wie eigens dafür formuliert, ergänzt ein kurzes Sprichwort die Aussage Einsteins über Problem und Bewußtsein in idealer Weise: »Wenn der Mensch das Problem ist, ist der Mensch auch die Lösung.« Sollte also das neue, integrale Bewußtsein, das die Teile zum Ganzen verbindet, die Lösung des Problems sein? Dann könnte das Sprichwort so konkretisiert werden: Wenn das rein mentale Bewußtsein und das daraus resultierende Verhalten das Problem sind, sind das integrale Bewußtsein und das daraus resultierende Verhalten auch die Lösung. Und die ursprüngliche Frage, ob das integrale Bewußtsein die Lösung *sein kann*, müßte durch die Frage ersetzt werden, ob diese Lösung auch tatsächlich und vor allem noch *rechtzeitig realisierbar ist.*

Daß und weshalb ich dies zumindest prinzipiell für möglich halte, werde ich in den folgenden Abschnitten begründen. Dabei wird das ökosoziale Bewußtsein als wichtiger Teilaspekt des integralen Bewußtseins einen besonderen Schwerpunkt bilden.

Ökologie, Ökonomie und Gesellschaft

Der vom altgriechischen οἶκος stammende Wortteil »öko-« bedeutet ursprünglich Haus oder Haushaltung mit allem, was im weitesten Sinn dazugehört. Der wissenschaftliche Begriff Ökologie bezieht sich sehr viel konkreter auf den Haushalt der belebten Natur – auf die Wechselbeziehungen der Organismen untereinander und mit ihrem anorganischen Umfeld. Dagegen bezeichnet Ökonomie allgemein das rechte oder sparsame Haushalten, ob speziell im Wirtschaften des Menschen oder generell im Haushalten aller biologischen Organismen mit ihren Nahrungs- und sonstigen Ressourcen. Denn von diesen Ressourcen kann in einem gemeinsamen Lebensraum für jeden einzelnen Organismus zumindest langfristig immer nur eine begrenzte Menge verfügbar sein.

Vom Zwang zum Haushalten ist kein Lebewesen ausgenommen, auch nicht der Mensch in seinem Wirken als Homo faber. Ökonomie und Ökologie sind für alle Organismen eine untrennbare Einheit. Gemeinsam bilden die Organismen ein *Ökosystem*: eine Lebensgemeinschaft verschiedener Arten und Individuen, die sowohl miteinander konkurrieren als auch aufeinander angewiesenen sind. Sie sind miteinander vergesellschaftet – ein *Ökosozialverbund* im umfassenden Wortsinn.

Für den Menschen, dem die Bewußtseinsentfaltung mit der Fähigkeit auch die Notwendigkeit bewußten Entscheidens und Handelns eingebracht hat, folgt daraus die Notwendigkeit *bewußten ökosozialen Handelns*, und zwar nicht nur als ethisches, sondern vor allem auch als unabdingbares existentielles Gebot. Ethische Normen und moralische Prinzipien sind zwar unerläßlich, im Gegensatz zu den unveränderlichen Naturgesetzen aber so relativ und so wandelbar wie das Bewußtsein, das sie formuliert. Bewußtes ökosoziales Handeln und Wirtschaften bedeutet, die verfügbaren Ressourcen zum eigenen Nutzen möglichst effizient einzusetzen und dabei übergeordnete Ziele vorrangig und gleichrangige Ziele angemessen zu berücksichtigen.

Die derzeitige Debatte über Energiegewinnung aus »Energiepflanzen« und die schlagwortartige Verkürzung auf die Alternative »Teller oder Tank« – Nahrung oder Energie – sind ein treffendes Beispiel. Zwar ist die Konkurrenz zwischen Nahrungsproduktion und Energiegewinnung in der Tat ein Problem mit unabsehbaren Folgen. Doch das eigentliche Kernproblem, der Erhalt globaler ökologischer Stabilität und sicherer Anbaubedingungen auch in Zukunft, bleibt bei der Reduktion auf »Teller oder Tank« gänzlich unberücksichtigt. Denn der Anbau von Energiepflanzen ist weder klima- und umweltneutral (Vernichtung wertvoller klimastabilisierender Ökosysteme und erheblicher Energieaufwand für Pflanzenbau und -verarbeitung sowie für die Herstellung und Anwendung von Dünge- und Pflanzenschutzmitteln) noch kann er angesichts natürlicher und potentiell zunehmender Ertragsschwankungen eine längerfristig verläßliche Energiequelle sein. Ausführliche Information zu diesem Thema bieten die Studie »Bioenergie – Möglichkeiten und Grenzen« der Nationalen Akademie der Wissenschaften

Leopoldina und der EASAC Policy Report 19 »The current status of biofuels in the European Union«.

Wichtigstes übergeordnetes Ziel des Menschen muß die Sicherung seiner Lebensmöglichkeiten sein. Das Wissen um deren Bedrohung ist inzwischen zweifelsfrei vorhanden. Doch kann die moderne »Wissensgesellschaft« – immerhin die theoretische Basis für die Entwicklung der technischen Hilfsmittel, mit denen die Ressourcen derzeit immer schneller verbraucht werden – zugleich auch die Basis für ein radikal verändertes, auf Nachhaltigkeit ausgerichtetes Handeln sein?

Wissensgesellschaft

Die Faszination für Wissenschaft und Technik, die mit der Industrialisierung einsetzte, erreichte ihren Höhepunkt in der ersten Hälfte des vergangenen Jahrhunderts und schlug dann um in eine Phase zunehmender Ablehnung und demonstrativen Protests. Man erlag dem Trugschluß, Max Plancks Feststellung »dem Anwenden muß die Erkenntnis vorausgehen« gelte auch in umgekehrter Richtung, und leitete daraus die Forderung ab, unkontrollierbare Gefahren dadurch zu vermeiden, daß nicht nur weitere technische Entwicklungen und Anwendungen, sondern zugleich auch die wissenschaftliche Forschung eingeschränkt würde. Doch das war zu kurz gedacht. Die Folgerung, Fehlentwicklungen in der Anwendung müßten Fehlentwicklungen in der Wissenschaft vorausgegangen sein, war unzulässig. Die Plancksche Aussage ist nicht umkehrbar.

Die Entdeckungen der Vererbungsregeln, des Planckschen Wirkungsquantums, der Radioaktivität und der Kernspaltung waren wissenschaftliche Erkenntnisse der reinen Grundlagenforschung, ihre Anwendung in der Tier- und Pflanzenzüchtung, der Laser- und Chip-Technologie, der Nuklearmedizin, der Energieerzeugung und der Waffenkonstruktion dagegen bewußte Entscheidungen für ihre praktische Nutzung.

Wissen *erzeugt* keine Anwendung, sondern *ermöglicht* sie. Ob und wie diese Möglichkeit praktisch umgesetzt wird, ist eine vom Wissen unabhängige Entscheidung. So wie Wissenschaftler ihre Suche nach Erkenntnis verantworten, verantworten Anwender deren Übertragung in die praktische Nutzung. In beiden Fällen setzt Verantwortung die volle Beherrschung des jeweiligen Gebiets voraus. Dabei unterliegt die Erkenntnis ausschließlich naturgegebenen Grenzen, während die technische Nutzung zusätzlicher, für jeden Einzelfall festgelegter und eingehaltener Grenzen bedarf.

Nicht weniger, sondern mehr Wissen muß das Ziel jedes ökosozial denkenden und handelnden Menschen sein.

Unter diesem Aspekt erschiene es mir reizvoll, den – berechtigten – Titel des Buches »Nur Wissen kann Wissen beherrschen« von Bernd-Olaf Küppers umzuformulieren in: Nur Wissen kann Anwendung beherrschen, oder konkreter: Je fundierter und je umfassender das Wissen ist, um so sicherer beherrschbar ist dessen Anwendung. Damit würde die Entwicklung der globalisierten Industriegesellschaft heutiger Ausprägung zu einer globalen Wissensgesellschaft eine unabdingbare Forderung und wäre alles andere als ein Potential für finanzielle Einsparungen.

Natürlich kann nicht jeder ein »fundierter und umfassender« Wissenschaftler sein. Aber jeder kann bei entsprechender Ausbildung ein ausreichendes Maß an Allgemeinwissen und Urteilsvermögen besitzen, um aus eigener Einsicht und im eigenen Interesse zur Bewältigung der anstehenden Zukunftsaufgaben beizutragen.

Handeln aus Einsicht?

Einsicht ist ein doppeldeutiger Begriff. Man kann Einsicht nehmen in ein Buch oder einen Fahrplan, um ein bestimmtes Wissen zu erlangen, oder man kann etwas tun oder entscheiden aus einer Einsicht heraus, die man zuvor gewonnen hat. Dies ist hier gemeint. Einsicht als Entscheidungsgrundlage für sachgerechtes Handeln. Und das im doppelten Sinn: Einsicht nicht nur als Voraussetzung, sondern auch als Aufforderung zum Handeln, und zwar auch hier – im Blick auf bewußtes ökosoziales Handeln – nicht primär als ethisch-moralisches, sondern als existentielles Gebot.

In Verbindung mit der oben erhobenen Forderung nach einer globalen Wissensgesellschaft mit ausreichender Befähigung jedes einzelnen zu eigenständigem Urteil und eigener Einsicht ergibt sich daraus eine weitergehende Forderung: Nicht nur die dafür zuständigen Entscheidungsträger, sondern jeder einzelne muß den ihm möglichen Beitrag zum gemeinsamen Handeln leisten. Auf diesen besonders wichtigen Aspekt werde ich noch näher eingehen. Denn dies einzusehen und dann auch entsprechend zu handeln dürfte nach bisheriger Erfahrung, insbesondere mit dem menschlichen Verhalten in der Anonymität der Masse, eine schwer zu überwindende Hürde sein. Entsprechend groß ist deshalb auch der Widerstand, der sich bevorzugt im Beharren auf dem Gewohnten und in vorschnellen Gegenargumenten, Ausreden und Selbsttäuschung äußert.

Kontra-Punkt: Es ist, wie es ist

Beharren auf dem Gewohnten, Selbsttäuschung und Täuschung über die Wirklichkeit liegen oft nahe beieinander. Es sind ja nicht nur die komplizierten, hintergründigen und unerklärlichen Dinge, in denen wir uns oft täuschen. Ein einfaches Beispiel für die Art von Sinnestäuschung, der wir ständig unterliegen, ist der »Necker-Würfel«, den wir im Rhythmus von wenigen Sekunden mit der Vorderfront entweder nach links unten oder nach rechts oben sehen (Abbildung 7). In beiden Fällen bleibt er die zweidimensionale Strichzeichnung, die wir als dreidimensionalen Kubus mit wechselnder räumlicher Ausrichtung wahrnehmen. Und dieser Wechsel geschieht unwillkürlich in unserem Gehirn. Wir können ihn nicht willentlich verhindern.

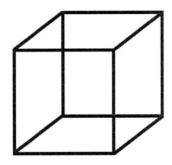

Abb. 7 Der »Necker-Würfel« als Beispiel für die Dynamik des menschlichen Sehsystems beim Abgleich von optischer Wahrnehmung mit dem gespeicherten Erfahrungswissen.

Eric Kandel (»Das Zeitalter der Erkenntnis«) sieht darin »ein schönes Beispiel für die große Kreativität des Sehsystems. Obwohl wir abwechselnd zwei Würfel erkennen, haben wir in Wirklichkeit überhaupt keinen Würfel vor uns. Wir sehen etwas, das gar nicht da ist.« Unser Gehirn »gleicht die Zeichnung mit zuvor im Gehirn gespeichertem Wissen und unseren Erwartungen ab«. Das Gehirn erkennt zwar, was die Augen ihm vermitteln, interpretiert es aber nach Maßgabe seiner gespeicherten Erinnerungen. Wer nie zuvor einen Kubus gesehen hat, muß erst lernen, ihn als solchen zu erkennen. Je häufiger das einmal Erkannte wieder erscheint, um so mehr wird es zum Gewohnten – mit der Tendenz, dann auch darauf zu beharren.

Alles, was wir mit unseren Sinnen erfassen, wird zu subjektiver, auf persönlicher Erfahrung gegründeter Interpretation, Vorstellung und sinngebenden Deutung.

Von den drei genannten Verhaltensmerkmalen, die einem selbstbestimmten Handeln aus Einsicht vielfach entgegenstehen (S. 176), bildet das Zusammenwirken von Beharrung auf dem Gewohnten (mit Seitenblick auf das Verhalten »der anderen«) und einer naturgemäß einseitigen Fokussierung des Bewußtseins (S. 148) eine erste hohe Hürde. Der Fokus richtet sich spontan auf die eigene Situation und deren gewohntes Umfeld und sieht dabei als erstes das Risiko. Das Gewohnte könnte sich ja verändern und das Verhalten der anderen wäre unsicher. Daraus, daß beides zusammen als gefährliches, kaum zu überwindendes Risiko erscheint, entsteht ein sich gegenseitig verstärkender Beharrungsreflex.

»Es nützt ja doch nichts« ist ein verbreiteter Kurz-Schluß, dem dann häufig, je nach Wesensart, eine optimistische, pessimistische oder indifferente Begründung hinzugefügt wird. Der Optimist, aus dessen Sicht es »bisher ja immer eine Lösung gegeben hat«, geht davon aus, daß der erfindungsreiche Homo faber auch weiterhin zur richtigen Zeit das Richtige tun wird. Der Pessimist vertritt die Gegenmeinung: »Es ist schon so viel schiefgegangen, das kann nur so weitergehen, egal was ich tue.« Und die große Masse der Indifferenten kümmert sich ohnehin nur um ihre eigenen

Belange und blendet als Selbstschutz das übergeordnete, ihr viel zu komplexe und unübersichtliche Ganze aus.

Für den handlungswilligen Realisten wiegt besonders schwer, daß die Optimisten und die Pessimisten eine unausgesprochene Allianz mit den Indifferenten eingehen. Sie alle drei sehen, wenn auch mit unterschiedlicher Begründung oder auch nur resignierend, keinen Anlaß zum eigenen Handeln und leben so, wie es aus ihrer Sicht am besten »ist, wie es ist«. Bewußt oder unbewußt versuchen sie jede Bedrohung ihres gewohnten Lebensstandards zu vermeiden.

Der Optimist vertraut anstelle eigenen Handelns auf den Fortschritt von Wissenschaft und Technik, auf die Einsicht und das rechtzeitige und richtige Handeln der Entscheidungsträger in Politik und Gesellschaft und auf eine immer weiter dehnbare Toleranzgrenze der Biosphäre und des Klimas. Der Pessimist erwartet von nichts und niemandem einen Fortschritt in positiver Richtung. Im Gegenteil, er geht davon aus, daß alles nur noch schlechter wird. Und der Indifferente hat entweder resigniert oder kennt sowieso nur eigene Interessen. Sie alle verwechseln Haben mit Sein (Erich Fromm: »Haben oder Sein« und meine Anmerkungen im nächsten Abschnitt).

Abgesehen davon, daß jede dieser Einstellungen mit solch knappen Typisierungen sehr verkürzt und übergangslos skizziert ist, haben sie neben der fehlenden Bereitschaft zum Handeln noch ein Weiteres gemein: Einen wesentlichen Anteil an ihrer Haltung hat die Prägungsgeschichte ihres Bewußtseins. Ein Mensch, der zu Aufmerksamkeit, Wachheit, Flexibilität und sozialem Miteinander er-wachsen ist, wird eher für neue Einsichten offen und zu solidarischem Handeln bereit sein als jemand, dem keine dieser Eigenschaften oder gar ein gegensätzliches Verhalten anerzogen wurde.

Mir scheint die realistische Alternative – besser noch: ein realistischer Optimismus – die einzig mögliche Basis zu sein für eine gemeinsame Zukunftsgestaltung mit Aussicht auf Nachhaltigkeit. Dabei nimmt der Realismus die gegebenen Tatsachen zur Kenntnis, leitet daraus Handlungsoptionen ab und setzt die aussichtsreichste in die Tat um. Und der ergänzende Optimismus befördert dies durch die Erwartung, daß nur ein tatkräftiger Einsatz zum Ziel führt.

In vielen privaten Diskussionen und im Anschluß an Vorträge sind mir immer wieder Argumente begegnet wie: »Es bringt doch gar nichts, wenn ich mit meinen bescheidenen Mitteln etwas ändere« oder schärfer: »Als einzelner komme ich gegen die große Masse, die Politik und die Machenschaften der global agierenden Multis ja sowieso nicht an«. Ich will auf derartige Positionen hier nicht näher eingehen. Denn im Sinn eines realistischen Optimismus halte ich eine grundsätzlich andere Sichtweise für wesentlich wirkungsvoller. Sie begnügt sich nicht mit dem Auflisten und Kommentieren abwehrender Kontra-Punkte, sondern orientiert sich an einer zielgerichteten Pro-Position.

Pro-Position: Menschsein ist Menschwerden

In seiner »Einführung in die Philosophie« beantwortet Karl Jaspers die selbst gestellte Frage: »Was ist der Mensch?« mit der scheinbar widersprüchlichen Feststellung: »Menschsein ist Menschwerden«. Offensichtlich ist hier mit Sein jedoch nicht ein momentaner Seins-, also ein Istzustand gemeint, sondern eine umfassende Wesensbeschreibung, die mit den Anlagen auch das Entwicklungspotential einschließt. Jeder Mensch, ebenso wie die Menschheit als Ganzes, entwickelt sich zu jeder Zeit weiter und ist damit immer Sein und Werden zugleich. Alle kleinen und großen Schritte in der menschlichen Entwicklungsgeschichte, auch scheinbare Rückschritte, waren und sind Schritte auf dem Weg zu reicherer Erfahrung, tieferer Einsicht und wachsendem Bewußtsein.

Im Zusammenhang mit der Bewußtseinsentfaltung hatte ich mehrfach betont, daß jeder Durchbruch in einen neuen Zustand ein allmählicher Prozeß ist, der bereits im Vorausgegangenen angelegt war, und daß dies auch auf den gegenwärtigen Durchbruch in die integrale Bewußtseinsform zutrifft. Folglich muß es auch für das ganzheitlich ökosoziale Denken und Handeln gelten.

Selbst die großen folgenreichen Revolutionen wie die französische oder die bolschewistische Revolution wären ohne zuvor entstandene Aufnahmebereitschaft in den Köpfen der sich spontan formierenden Gefolgschaft nicht möglich gewesen. Auch dann nicht, wenn das eigentliche Revolutionsgeschehen von einer einzelnen Person oder wenigen Schlüsselpersonen ausgelöst wurde. Immer war dem konkreten zeitgeschichtlichen Ereignis eine unterschwellige Bewußtseinsöffnung vorausgegangen.

Daß dies auch bei weniger spontan verlaufenden revolutionären Entwicklungen der Fall ist, offenbart sich derzeit im rasch wachsenden ökosozialen Bewußtsein. Zwar lassen sich auch hier die Initiative und der konkrete Anstoß zu einzelnen Projekten häufig auf bestimmte Personen oder Personengruppen zurückführen. Doch deren Initiativen würden ins Leere laufen, wenn sie keinen Widerhall fänden.

Für den Durchbruch des ökosozialen Bewußtseins läßt sich dies an vielen Beispielen belegen, zum Beispiel mit Reinhard Demolls eindringlicher Warnung »Ketten für Prometheus«. Der anfangs jedoch sehr zögerliche Beginn wird häufig mit dem aufrüttelnden und vielfach ausgezeichneten Buch »Stummer Frühling« von Rachel Carson verbunden. Es erschien im Jahr 1962 und wurde 1966 in seiner vierten Auflage als »explosiver Bestseller« angekündigt, der beschreibt, wie der Mensch begonnen hat, das Leben auf der Erde mit chemischen Massenprodukten zu bedrohen. Es war die Zeit der weltweiten Insektenbekämpfung mit DDT, das dann auch bald wegen seiner allgemeinen Toxizität und allmählichen Anreicherung in Tier und Mensch fast überall verboten wurde. Beides, das Buch als Auslöser und DDT als warnendes Beispiel, hatten entscheidenden Anteil am Durchbruch des ökosozialen Bewußtseins.

Vieles ist seitdem geschehen, und allzu vieles ist trotz der Warnungen von Rachel Carson, vom Club of Rome (Dennis Meadows u. a., 1972: »Die Grenzen des Wachstums«), von zahlreichen Umwelt- und Naturschutzverbänden und vielen anderen versäumt oder verhindert worden. Viele Publikationen folgten dem »Stummen Frühling«, darunter 2012 die jüngste Prognose des Club of Rome-Mitglieds Jorgen Randers unter dem knappen Titel »2052«. Mindestens ebenso wichtig, wenn auch in den meisten Fällen von geringerer öffentlicher Breitenwirkung sind jedoch die vielen großen und kleinen Projekte, die ein immer engmaschigeres globales Netz ökosozialer und bewußtseinsschärfender Aktivitäten bilden. In ihrer Gesamtwirkung sind sie unersetzliche Bausteine auf dem Weg zu einem gesamtgesellschaftlichen Handeln.

Die folgenden Beispiele können nur eine kleine Auswahl aufgrund eigener Kenntnis und Erfahrung sein. Jeder wird sie durch weitere Beispiele ergänzen können. Die Reihenfolge ist zufällig und soll keine Wertung ausdrücken.

Große, weltweit auf Spendenbasis gemeinnützig tätige Hilfsorganisationen zur Bekämpfung von Armut und Hunger in den Entwicklungsländern, wie die *Welthungerhilfe, Brot für die Welt, Misereor, Menschen für Menschen, Terre des*

Hommes und viele andere, konzentrieren sich zunehmend auf Hilfe zur Selbsthilfe statt unmittelbarer Zuteilung von Nahrungsmitteln, Geld oder Sachwerten an Hilfsbedürftige. Auf lange Sicht ist neben der akuten Bekämpfung von Hunger und Armut der friedliche Ausgleich zwischen Arm und Reich ein wesentliches Ziel. Und für diesen Ausgleich engagieren sich viele Bürgerinitiativen nicht nur in den Entwicklungsländern: In den Industrieländern finden zum Beispiel die »Tafeln« und »Food Banks« immer weitere Verbreitung.

Besonders wertvoll und erfolgreich im Sinn eines allgemeinen ökosozialen Bewußtseins sind der rasch zunehmende *»Fair Trade«*-Handel mit Produkten aus Entwicklungsländern und das wachsende Angebot und die steigende Nachfrage nach zertifizierten *»Bio«-Produkten* (auch in Supermarktketten), immer häufiger mit Herkunftsangaben bei Lebensmitteln sowie bei Holz- oder Baumwollprodukten.

Gleichzeitig stoßen Massen- und Intensivtierhaltung, der Anbau von »Energiepflanzen« (in Europa vor allem Mais und Raps) und die verordnete Beimengung von »Biosprit« auf wachsende Kritik oder Ablehnung, während das Interesse an ökologisch rücksichtsvoll erzeugten regionalen und saisonalen Nahrungsmitteln (»Slow Food«), einschließlich verringertem Fleischkonsum, sowie entsprechende Angebote und Hinweise in Restaurants und Kantinen zunehmen.

Der Wirtschaftswissenschaftler Muhammad Yunus erhielt 2006 den Friedensnobelpreis für die Gründung der *Grameen Bank* zur Vermittlung von Kleinstkrediten an Unterstützungsbedürftige in Entwicklungsländern. Daraus entwickelte er die Idee des »Social Business«, die er in seinem gleichnamigen Buch ausführlich beschreibt und zu der sich inzwischen nicht nur viele private Anleger, sondern auch namhafte Großunternehmen bekennen.

Oikocredit ist eine ähnlich operierende europäische

Bank, die als Mitglied der *Internationalen Ökumenischen Entwicklungsgenossenschaft* ebenfalls Kleinstkredite in Entwicklungsländern vergibt. Wie bei der Grameen Bank wird auch hier die bestimmungsgemäße Verwendung der Kredite regelmäßig kontrolliert. Jeder hilfsbereite Bürger kann sich schon mit minimalen oder auch größeren Einlagen bei bankenüblicher Verzinsung an dieser Form von Hilfe zur Selbsthilfe – bevorzugt für Frauen – beteiligen.

Die mit Abstand größte Privatstiftung, die *Bill & Melinda Gates Foundation*, engagiert sich vor allem für Forschung und Entwicklung in den Bereichen Landwirtschaft, Gesundheit und Marktzugang in Entwicklungsländern sowie für Bildungsprogramme in den USA. Auf landwirtschaftlichem Gebiet sind es in erster Linie Projekte zur Entwicklung nährstoffangereicherter und trockenresistenter Pflanzen und ein verbesserter Marktzugang von Kleinbauern. Im Gesundheitsbereich nehmen die Entwicklung und Bereitstellung von Impfstoffen gegen Aids, Tuberkulose, Malaria und zahlreiche weitere Seuchen und Massenkrankheiten die erste Stelle ein.

Bei der Stammesbevölkerung im indischen Bundesstaat Orissa initiierte die Indologin Cornelia Mallebrein eine private Initiative zur Errichtung von Kindergärten, Schulen, Trinkwasserbrunnen, medizinischen Einrichtungen und Selbsthilfegruppen von Frauen, die über zahlreiche Zwischenstufen zur Gründung der indischen *Hilfsorganisation Ashakiran* (»Strahlen der Hoffnung«) und zur Etablierung des deutschen *Fördervereins Ashakiran* führte. Zielgruppen sind überwiegend Frauen und Kinder, Zielprojekte der Ausbau und Betrieb bereits laufender und ergänzender Projekte wie das Mikrofinanzwesen, Bildungsprogramme und Waisenhäuser, vor Ort geleitet von Pfarrer und Mitgründer Vijay Kumar Nayak.

Die *Vater und Sohn Eiselen-Stiftung* betreibt das bereits 1955 mit ausschließlich privaten Mitteln der Stifter gegründete *Museum der Brotkultur* in Ulm, das mit Dauer- und Sonderausstellungen sowie mit vielfältigen Bildungsangeboten Einblicke in die historische Entwicklung und die globalen Probleme der Nahrungssicherung vermittelt. Von derselben Stiftung und seit einigen Jahren von der Hermann Eiselen-Stiftung *fiat panis* wurden bisher insgesamt mehr als zehn Millionen Euro an Fördermitteln speziell für universitäre Forschungsprojekte auf dem Gebiet der Agrar- und Ernährungsforschung für Entwicklungsländer vergeben.

Ebenfalls mit privaten Mitteln gründete der frühere Wirtschaftsmanager Klaus Wiegandt die Stiftung *Forum für Verantwortung*. Interdisziplinäre Kolloquien über gesellschaftlich relevante Zukunftsthemen führten zur Herausgabe einer Buchreihe in allgemeinverständlicher Darstellung. Gemeinsam mit der *ASKO Europa Stiftung* und der *Europäischen Akademie Otzenhausen* wurde die Bildungsinitiative *Mut zur Nachhaltigkeit* initiiert mit dem Ziel, die Zivilgesellschaft mit Seminaren, Vortragsveranstaltungen, Fortbildungskursen und Lernmodulen für nachhaltige Entwicklung in allen Lebensbereichen zu sensibilisieren und zu mobilisieren.

Angesichts der wachsenden öffentlichen Kritik und des sinkenden Interesses der Studierenden an den Naturwissenschaften in den 1990er-Jahren gründete die Biologin Eva-Maria Neher das *Göttinger Experimentallabor XLAB*, in dem Schüler durch eigenhändiges Experimentieren Kenntnisse und Berufsinteresse erwerben. Zahlreiche Partner und Förderer aus Wissenschaft, Politik und Gesellschaft bildeten die finanzielle und ideelle Basis für ein eigenes Gebäude mit moderner Laborausstattung für Kurse in Biologie, Physik, Chemie und Informatik, die von

Fachwissenschaftlern geleitet werden. Inzwischen ist das XLAB das größte Schülerlabor Deutschlands und besitzt darüber hinaus internationale Modellfunktion.

Der von dem Biologen Michael Schnitzler initiierte Verein *Regenwald der Österreicher* setzt seine Mitgliedsbeiträge und Spendengelder zum Schutz des ungewöhnlich artenreichen Esquinas-Regenwaldes an der Pazifikküste Costa Ricas ein. Aus den eingeworbenen Mitteln werden Ranger bezahlt und bisher noch privat genutzte Flächen freigekauft. Damit soll ein zusammenhängender, durchgehend geschützter Nationalpark in einem Land eingerichtet werden, das innerhalb der letzten 100 Jahre ca. 70 Prozent seines ökologisch einzigartigen Waldbestands verloren hat.

Auf Initiative des Biologen Peter Berthold entsteht derzeit im Rahmen der *Heinz Sielmann Stiftung* auf dem Gebiet des Landschaftsparks Bodensee-Linzgau der *Biotopverbund Bodensee*. Ziel des Verbunds ist es, auf einer Fläche von ca. 500 km² insgesamt mehrere hundert renaturierte Lebensräume (Feuchtgebiete, Streuobstflächen, Trockenrasen usw.) für bedrohte oder in der Region ausgestorbene Tier- und Pflanzenarten zu schaffen. Dabei sind die Abstände der einzelnen Kleinbiotope untereinander so geplant, daß sie durch ständige genetische Durchmischung zusammen einen stabilen Populationsverbund bilden. Inzwischen wird die Initiative auf ganz Deutschland ausgedehnt.

Der Ökonom Günter Faltin beschreibt in seinem Buch »Kopf schlägt Kapital« die Gründung von (Fair-Trade-) Start-up-Unternehmen für »Interessenten mit Phantasie und Unternehmergeist«. Sein eigenes Beispiel ist die *Teekampagne*, inzwischen das größte Teeversandhaus Deutschlands und weltweit größter Darjeeling-Importeur. Er kauft den Tee in großen Gebinden direkt vom Produzenten und verkauft ihn unmittelbar an die Endverbraucher, um den Zwischenhandel als größten Anteil am handelsüblichen Teepreis zu vermeiden. So kann der Tee preisgünstig verkauft und unter Fair Trade-Bedingungen eingekauft werden.

Diese kleine Auswahl aus einer stetig wachsenden Fülle ähnlicher Beispiele verdiente noch erheblich erweitert zu werden. Wichtig ist in diesem Zusammenhang jedoch weniger die Zahl als die Vielfalt von Möglichkeiten, sich durch eigene Initiative oder durch Unterstützung bestehender Projekte in diese Form der Zukunftsgestaltung »von unten« einzubringen. Denn wirkungsvolles Handeln »von oben«, von höherer politischer, wirtschaftlicher oder geistlicher Ebene kann nur erwartet werden, wenn die Zivilgesellschaft dazu bereit ist und durch das Verhalten vieler einzelner den nötigen Druck dazu ausübt (S. 201). Um so wertvoller und ermutigender sind die wachsende Zahl und die zunehmende Unterstützung derartiger Initiativen und Aktivitäten »von unten«.

Dabei haben die besonders finanzstarken und weltweit sichtbaren Projekte zwar eine wichtige Leuchtturm-Funktion und die größte Magnetwirkung. *Doch letztlich kommt es auf jeden Mitwirkenden an.* Selbst diejenigen, die keine direkten materiellen Beiträge leisten können, können durch scheinbar geringfügige, insgesamt aber äußerst wirkungsvolle Verhaltensänderungen auf ihre Weise entscheidend mitwirken. So kann jeder im eigenen Bereich *Verschwendung vermeiden.* Dazu gehören vor allem Energie, Lebensmittel und viele sonstige Konsumgüter, die oft unbedacht und weit über den tatsächlichen Bedarf hinaus gekauft und entweder unnötig verbraucht oder ungenutzt vernichtet werden.

Jedes unnötige oder ungenutzte Objekt hat für seine Herstellung ein Vielfaches der Ressourcen verbraucht, die im fertigen Produkt noch enthalten sind (Friedrich Schmidt-Bleek: »Nutzen wir die Erde richtig?«; Franz Josef Radermacher: »Welt mit Zukunft«). In Mittel- und Westeuropa werden beispielsweise ca. 30 bis 50 Prozent aller Lebensmittel entweder nach der Zubereitung oder im Originalzustand vernichtet. Kaum jemandem wird dabei bewußt sein, welch enorme Mengen an Energie, Wasser, Dünger und Pflanzenschutzmitteln neben allen sonstigen materiellen, ökologischen und finanziellen Kosten für deren Herstellung, Vertrieb und Lagerung aufgewendet wurden.

Verschwendung ist immer eine Folge von Überfluß, mangelnder Aufmerksamkeit und mangelnder Achtsamkeit in der Lebensführung. Bedachtheit ist Teil der persönlichen Reife und des »Menschwerdens«.

Die meisten der üblicherweise vorgebrachten Gegenargumente drücken direkt oder indirekt, bewußt oder unbewußt, die Sorge aus, auf einen gewohnten und dann auch als legitim erachteten Anspruch verzichten zu müssen. Wer so denkt, setzt jedoch Verzicht mit Verlust gleich und nicht mit dem Beenden einer übertriebenen Nutzung, der unweigerlich Mangel und verstärkter Konkurrenzdruck folgen.

»Der Verzicht nimmt nicht, der Verzicht gibt«, heißt es in Martin Heideggers kleiner Schrift »Der Feldweg«. Verzicht muß nicht Verlust sein. Verzicht bedeutet Loslassen, Aufgeben, sich von etwas Lossagen. Der Verzicht *gibt*, indem er etwas Nachteiliges *aufgibt* und dadurch einen Vorteil gewinnt. Bewußter Verzicht ist bewußte Entscheidung für einen Gewinn. Darin liegt der ebenso persönliche wie gemeinschaftliche Vorteil der Pro-Position: Sie verzichtet auf erkennbare Nachteile, um die Freiheit für absehbare Vorteile zu gewinnen.

In diesem Sinn ist auch der Verzicht Teil des Menschwerdens: Verzicht auf offensichtliche Fehlentwicklungen, die künftigen menschenwürdigen Lebensbedingungen entgegenstehen.

Bewegter Beweger

Ähnlich wie Heraklit mit seinem Ausspruch »alles fließt« sah auch Aristoteles alles Lebendige und alle unbelebte Materie in ständiger Bewegung und stetigem Wandel – mit einer entscheidenden Ausnahme: Gott als den »unbewegten Beweger«, der alles aus sich heraus bewegt und selbst von keiner über ihm stehenden Instanz bewegt wird.

Auch wir unterliegen diesem ständigen Wandel, als Spezies ebenso wie als Individuen. Doch *was* uns dabei bewegt, übersteigt die Möglichkeiten unseres Wissens. Sind es die ordnenden Kräfte der Natur? Und wenn ja: sind es Kräfte, die von außen auf uns einwirken, sind es die inneren Kräfte unserer körperlichen und geistigen Konstitution oder ist es beides zusammen? Ist es göttliche Vorsehung und Lenkung? Ist es ein innerer Dämon wie bei Sokrates? Oder sind es andere im Verborgenen wirkende Wesen?

Jede dieser Vorstellungen hat ihre Anhänger. Doch was auch immer es ist, unbewegte Beweger sind wir ganz sicher nicht. Wir sind *bewegte Beweger*, die kraft ihrer besonderen Befähigung zu bewußtem Denken und Handeln mehr als jedes andere Lebewesen alles nur Bewegbare bewegen. Besonders in jüngster Zeit haben wir vieles so nachhaltig in von uns bestimmte Richtungen bewegt, daß kaum etwas davon ausgenommen blieb und vieles für immer beseitigt wurde.

An dieser Sonderrolle einer alles bewegenden »Krone der Schöpfung« wird sich höchst wahrscheinlich nichts mehr ändern, wohl aber an der Richtung des Bewegens – wenn nicht aus eigener Einsicht, dann durch den Zwang der natürlichen Grenzen.

Standpunkt und Wegbereiter

Doch wer könnte der Wegweiser sein, der uns die neue Richtung weist? Kann es überhaupt ein Wegweiser sein, der zwar Wege weist, sich selbst aber nicht von der Stelle bewegt und auch nichts darüber aussagt, in welche der angezeigten Richtungen man gehen soll?

»Wer die Welt bewegen will, muß zuerst sich selbst bewegen«, heißt es in einem Sprichwort. Wer einen Weg weist, ohne ihn selbst zu gehen, kann nicht überzeugen, höchstens überreden, ist eher Verführer als Führer. Und Wegweiser gibt es reichlich, bevorzugt an Stammtischen. Nur gehen sie anschließend nicht in die soeben noch vehement geforderte Richtung, sondern in der altgewohnten Richtung nach Hause. Das ökosoziale Bewußtsein fragt aber nicht nach tatenlosen Weg-Weisern, sondern nach handelnden Weg-Bereitern und Weg-Begleitern, die selbst voraus- oder mitgehen und durch Beispiel und Vorbild überzeugen.

Wegweiser haben einen festen Standort, von dem aus sie Richtungen anzeigen. Wegbereiter haben einen gefestigten und dennoch flexiblen *eigenen Standpunkt*, der sie in die Lage versetzt, die eingeschlagene Richtung auch gegen Widerstände selbst zu bestimmen und so lange zu verfolgen, bis eine Korrektur notwendig wird, um das Ziel möglichst sicher zu erreichen. »Der beste Weg zum Ziel verläuft selten gerade«, sagt ein anderes Sprichwort. Um auch auf einem gewundenen Weg nicht allein zu gehen, ist es um so wichtiger, stets auch andere Standpunkte, Einsichten, Bedürfnisse und Wesensarten zu berücksichtigen und ernst zu nehmen – nicht zuletzt zur Überprüfung des eigenen Standpunkts und der eingeschlagenen Richtung.

Der Andere

»Der Andere« und »Mein Anderer« sind Gegenstand und Titel eines kenntnisreichen und einfühlsamen Essays des Auslandskorrespondenten Ryszard Kapuściński. Darin beschreibt er seine Erfahrungen und Beobachtungen als anderer unter anderen in der fremden Umgebung ferner Länder. Es ist ein eindrucksvolles Plädoyer, den anderen in seiner Andersartigkeit so wahrzunehmen, sich so auf ihn einzulassen und ihn so anzunehmen, wie er selbst es als anderer unter anderen »in den Indianerdörfern in Bolivien, unter den Nomaden in der Sahara, in den Straßen von Teheran« erlebt hat. Und damit greift er weit über den Kreis seiner Nächsten, seiner Nachbarn, Freunde und Bekannten hinaus: »Mein Anderer ist ein Mensch nicht weißer Hautfarbe. Wie viele von ihnen gibt es heute auf der Welt? 80 Prozent aller Menschen.«

Der Eingang zum Apollotempel in Delphi trug die berühmte und oft zitierte Inschrift »Erkenne dich selbst«. Diese kurze Formulierung eines zwar letztlich unerreichbaren, für die eigene Persönlichkeitsentwicklung aber unentbehrlichen Lebensziels schließt das Erkennen des anderen mit ein. Denn so wie in der Kindheit die noch unbewußte Selbstwahrnehmung auf einer Spiegelung in anderen beruht, muß auch die spätere bewußte Selbsterkenntnis mit dem Erkennen anderer einhergehen. Wer die Lebens- und Gefühlswelt anderer nicht erkennt, kann auch keine innere Verbindung und kein persönliches Vertrauen zu ihnen herstellen.

Es mag unerheblich sein, ob diese Verbindung über eine allgemeine positive Grundeinstellung wie diejenige

Kapuścińskis initiiert wird oder durch individuelle Begegnungen. In jedem Fall muß sie durch aktives Bemühen um Selbsterkenntnis und um das Erkennen des anderen vertieft und ins Bewußtsein eingeprägt werden, um ein Mindestmaß an gegenseitigem Vertrauen zu erreichen – auch als notwendige Voraussetzung, um ein Ziel gemeinsam verfolgen zu können.

Gelegentlich wird von »blindem Vertrauen« gesprochen. Das kann zweierlei bedeuten. Entweder vertraue ich jemandem blind, weil ich ihn so gut zu kennen meine, daß er mein unbegrenztes Vertrauen hat, oder ich vertraue ihm blind, weil ich leichtfertig, uninteressiert oder zu beschäftigt bin, um mich auf eine Sache einzulassen. Den Anforderungen an bewußtes Handeln werden beide Formen nicht gerecht. Selbst bei vollem Vertrauen aufgrund sehr guter Kenntnis des anderen ist ein eigenes Urteil auch dann unerläßlich, wenn es sich um das Erreichen eines gemeinsamen Ziels in gegenseitigem Vertrauen handelt.

Echtes Vertrauen gründet auf Vertrautheit, auf dem Erkennen seiner selbst und des anderen, sowohl in der Übereinstimmung wie in der jeweiligen Andersartigkeit. Und beides muß immer wieder überprüft werden. Jeder zunächst noch unbekannte andere ist immer auch ein potentieller Partner oder Mitstreiter. Vor allem gibt es kaum einen anderen, von dem ich bei der Absicherung oder der Korrektur meines eigenen Urteils nicht auch profitieren kann, sofern ich in ihm nicht nur oberflächlich den anderen, sondern bei genauerer Hinwendung auch den Andersdenkenden und anderes Wissenden erkenne.

So wie es selbst bei noch so großer Ähnlichkeit keine zwei völlig identischen Atome, Sandkörner oder gar Himmelskörper geben kann – immer sind die physikalischen Rah-

menbedingungen zumindest im feinen Detail unterschiedlich –, kann es erst recht keine zwei völlig gleichgesinnten
Menschen geben.

Jeder aufmerksame Betrachter von Muschelschalen,
Schmetterlingen, Hunden oder Bäumen bemerkt nicht nur
die feinen Unterschiede zwischen zwei scheinbar gleichen
Individuen, sondern auch die Asymmetrie zwischen zwei
Hälften, etwa den Flügeln eines Schmetterlings oder den
Gesichtshälften eines Tieres oder Menschen. Sogar die
beiden so symbolträchtig komplementären Hälften eines
Ginkgo-Blattes sind nicht vollständig deckungsgleich.

Diese absolute Individualität und Einmaligkeit jedes beliebigen Objektes gilt für den bewußtseinsbegabten Menschen
in besonderem Maße. Für die psychische und mentale Ver-
faßtheit (Prägung, Vorstellungswelt und Gemütsverfassung)
wird dies zwar spätestens bei näherem Kennenlernen offensichtlich, aber dennoch gerade beim Verfolgen gemeinsamer
Ziele allzu leicht übersehen oder ignoriert. Wenn schon keine zwei Nervenzellen einander gleichen, wie unterschiedlich
müssen erst zwei hochkomplexe Gehirne sein!

Jeder noch so eng vertraute andere ist immer auch der
ganz andere. Deshalb kann auch die eigene Vorstellungswelt niemals gültiger Maßstab für andere sein. Wer sich
dessen bewußt ist, erkennt darin einen unschätzbaren Wert
des Menschseins und zugleich die Ausgangsbasis für jede
Form des Miteinanders, ob als nahestehendes Ich und Du
oder als ferner stehendes Wir.

Ich / Du / Wir-Gemeinschaft

Auch als unterschiedliche Individuen sind wir keine solitär
lebenden Einzelwesen. Unsere Identität basiert auf einem
Selbstbild, das sich einerseits im Spiegel nahestehender Ver-

trauter bildet, andererseits als weitgehend anonymen Teil einer unübersehbaren Menge fernstehender anderer empfindet. Mit dem Bevölkerungswachstum und der zunehmenden Größe einer derart gegliederten Ich/Du/Wir-Gemeinschaft, die sich historisch von kleinen Familien- oder Sippenverbänden über Städte, Staaten und Imperien bis zur global vernetzten Konsum- und Kommunikationsgesellschaft ausgeweitet hat, haben sich Art und Intensität des Wir-Gefühls stark verändert. Von der Geborgenheit in einer verläßlichen Gruppenstruktur hat es sich immer mehr zum Gefühl einer wachsenden Bedrohung durch Anonymität, Beziehungslosigkeit und versteckten oder offenen Konkurrenzkampf gewandelt.

Diese Entwicklung konnte so lange andauern, wie sich für persönliche Egoismen und Gruppeninteressen genügend Möglichkeiten und Ressourcen zur Übervorteilung einer ausreichend großen Zahl anderer boten. Und sie hielt vor allem auch deshalb so lange an, weil immer wieder genügend andere davon mitprofitierten und dies direkt oder indirekt – bevorzugt im Schutz der Anonymität – unterstützten und beförderten.

Doch dem sind jetzt harte Grenzen gesetzt. Übervölkerung, Seuchen, Hunger und Armut sowie Mangel an Wasser, Infrastruktur, Bildung, medizinischer Versorgung und sozialer Absicherung in vielen Entwicklungsländern verschärfen den sozialen Sprengstoff des wachsenden globalen Gefälles zwischen Arm und Reich, des drohenden Endes der Belastbarkeit der Biosphäre und des Klimas sowie einer völlig außer Vernunft und Kontrolle geratenen Wirtschafts-, Finanz- und Konsumwelt.

Die Konsequenz kann nur darin bestehen, den traditionell auf einen kleinen Kreis persönlicher Ich/Du-Beziehungen fokussierten Blickwinkel erheblich zu weiten. Ohne klare Sicht auf die vielen ferner stehenden anderen als Angehörige einer umfassenden Ich/Du/Wir-Gemeinschaft ist das Bild höchst unvollständig. Zwar wird dadurch die natürliche Begrenztheit des Kreises persönlich bekannter und vertrauter anderer nicht aufgehoben. Aber die vielen unbekannten anderen werden nicht mehr als bloße Zahlen in Statistiken, sondern als Mitmenschen in einer globalen Schicksalsgemeinschaft wahrgenommen.

Nicht nur die vielen Notleidenden, auch die wohlhabenden Bürger großer Exportnationen, deren Arbeit und Einkommen von einer nachhaltig funktionierenden Weltwirtschaft abhängen, haben allen Grund, ihre eigenen Interessen auf globale Nachhaltigkeit abzustimmen und mit den Interessen der vielen anderen, die auf ihre je eigene Weise nicht weniger davon abhängen, in Einklang zu bringen.

Auch diese Erweiterung des Weltbildes ist Teil des Übergangs vom partikularen zum ganzheitlich-integralen Bewußtsein auf dem Weg des Menschwerdens. Das Ziel des Weges, den uns die vielen großen und kleinen Wegbereiter weisen, ist kein geringeres als die möglichst langfristige Sicherung einer gemeinsamen Zukunft im Geist von Gemeinsinn und Vorsorge.

Menschwerden heißt auch, sich in seiner ganzheitlichen, sowohl nehmenden als auch gebenden Rolle als Mensch unter Menschen immer besser zu erkennen.

Die kleinen und die großen Hebel

Die Wegbereiter, die mit ihren Beispielen ökosozialen Handelns vorangehen, können nur Erfolg haben, wenn ihnen andere auch folgen. Daß dies nach meiner Überzeugung in erster Linie »von unten«, von der Zivilgesellschaft ausgehen muß und dann erst von einer wie immer legitimierten oder okkupierten Macht »von oben« aufgenommen und unterstützt wird, habe ich bereits angedeutet und mich auch in anderen Veröffentlichungen mehrfach dazu geäußert. Ich zitiere hier mit geringfügigen Änderungen aus einem früheren Artikel (Hahlbrock, 2011):

»Der Souverän in demokratisch verfaßten Staaten sind die wahlberechtigten Bürger. Sie delegieren ihre Macht durch individuelle Stimmabgabe und kollektives Mehrheitsvotum an gewählte Repräsentanten mit Entscheidungs- und Ausführungsbefugnis – und fühlen sich dennoch ohn-mächtig gegenüber den so Ermächtigten. Tatsächlich liegt die Macht jedoch auch zwischen Wahlen noch immer weitgehend bei den Wählern, einerseits über deren zum Teil sehr mächtige Vertretungen von Gruppeninteressen, andererseits über Volksentscheide, Meinungsumfragen und das von den Politikern laufend registrierte ›Wählerverhalten‹.

In einer so verfaßten Demokratie liegt damit die wahre Macht – wenn auch indirekt, meistens unterschätzt und weitgehend ungenutzt – bei der Zivilgesellschaft. In deren gefühlter Ohnmacht drückt sich das Spannungs- und Mißverhältnis zwischen Individuum und Kollektiv aus. Das Individuum ist jedoch nur so lange machtloses Mitglied des Kollektivs, wie es die wichtigsten Grundlagen einer funktionierenden Demokratie aufgibt: Zivilcourage, Gemeinsinn und Eigenverantwortung. Demokratie verlangt neben Toleranz und Kompromißbereitschaft die aktive Teilnahme jedes einzelnen, je nach Befähigung und Bedarf. Je geringer die Bereitschaft ist, sich in das Gemeinwesen einzubringen, desto geringer ist auch die Berechtigung, Ansprüche an ›die anderen‹ oder ›die da oben‹ zu stellen.

›Die da oben‹ tragen hohe Verantwortung, aber die Verantwortung für mein eigenes Verhalten trage ich allein – auch dafür, ob ich mich aktiv in die Gemeinschaft einbringe oder lediglich mit dem Strom der Masse schwimme und meine Ansprüche und Bequemlichkeit hinter der Anonymität des Kollektivs verstecke.

Den vermeintlichen großen Hebel, den ›die da oben‹ nur umstellen müßten, gibt es nur in Diktaturen, allerdings mit der äußerst geringen Wahrscheinlichkeit, daß er in Richtung auf das Gemeinwohl bewegt wird. Wir sind heute in der glücklichen Lage, davon nicht betroffen zu sein und statt dessen jeder in freier Entscheidung seinen, wenn auch kleinen, so doch ganz und gar eigenen Hebel in die für richtig befundene Richtung bewegen zu können. Das ist scheinbar viel zu wenig angesichts der Größe der Aufgabe. Doch wenn jeder seinen Hebel so bedient, daß die vielen kleinen Hebel zusammen einen großen ergeben, ist es nicht wenig, sondern alles: die garantierte Wirkung auf ›die da oben‹. Und es hat die größte Wahrscheinlichkeit, den andernfalls drohenden Kollaps zu vermeiden.

Mit jedem Lamento über die Fehler oder Unterlassungen anderer versäumen wir wertvolle Zeit, uns selbst so zu verhalten, wie wir es von anderen erwarten. Die Fortsetzung des Sprichworts ›Wer die Welt bewegen will, muß zuerst sich selbst bewegen‹ mit der einfachen Lebensweisheit ›Wer einen anderen zu bessern sucht, indem er ihm ein gutes Beispiel gibt, bessert zwei‹ bringt es auf den Punkt.

Wer sich der Größe des Problems und der Herausforderung bewußt ist, ist sich auch seiner unmittelbar persönlichen Verantwortung bewußt – seiner Ver-antwortung im Sinne einer angemessenen Antwort auf die gegebene Situation. Jean Gebser hat es klar und zugleich eindrücklich formuliert: ›Entweder überwinden wir die Krise, oder sie überwindet uns‹.«

Sich »je nach Befähigung und Bedarf« in das Ganze einzubringen und eine angemessene Antwort auf eine gegebene Situation zu finden heißt, weder die eigenen Fähigkeiten
zu unter- oder überschätzen noch die gegebenen Tatsachen
zu ignorieren und mit dem Kopf durch die Wand rennen
zu wollen. Beides führt zu Frustration, Resignation und
Erfolglosigkeit – fast immer als Folge von Voreingenom-
menheit anstelle eines klaren Urteils.

Ein besonders prägnantes Beispiel für das Reflektieren
über die richtige Selbsteinschätzung und die Nutzung der
eigenen Fähigkeiten beschreibt Martin Buber im »Weg des
Menschen nach der chassidischen Lehre«. Darin berichtet
er von Rabbi Sussja, der »kurz vor seinem Tode sagte: ›In
der kommenden Welt wird man mich nicht fragen: Warum
bist du nicht Mose gewesen? Man wird mich fragen: Warum
bist du nicht Sussja gewesen?‹«

Jeder, der ein Stück Welt bewegen will, muß sich fragen,
was er beitragen kann, welcher Hebel seiner Befähigung
und seiner Lage am besten entspricht, unabhängig davon,
ob er als einzelner »von unten« oder mit herausgehobener
Verantwortung in Politik, Wirtschaft, Verwaltung, Bildung, Wissenschaft oder Religion »von oben« agiert.

Körper – Seele – Geist

In der Freiheit und Kürze des gedichteten Ausdrucks hatte
ich am Ende des Vorworts das menschliche Leben als Einheit von Leib (als lebendigem Körper), Seele und Geist bezeichnet. Nach allem bisher Ausgeführten setze ich diese
Einheit jetzt in ähnlicher Kürze mit der Einheit der verschiedenen Bewußtseinsformen im integralen Bewußtsein
gleich und entdecke darin wiederum die Einheit von Ratio
mit Emotion, Empathie und Eros im Handeln aus Einsicht.

Wer bereit ist, um eines großen gemeinsamen Ziels willen »zuerst sich selbst zu bewegen« und im eigenen Bereich konsequent so zu handeln, wie es nach seiner Überzeugung alle tun müßten, handelt nicht nur rational, sondern ist darüber hinaus emotional bewegt, ist angetrieben von Empathie zu anderen und vom Eros (und Ethos), zum großen Ganzen beizutragen und so »die Welt zu bewegen«.

Dazu bildet der Körper die strukturellen und funktionellen Grundlagen für alle physischen, psychischen und geistigen Aktivitäten. Deren Zusammenwirken findet seinen höchsten Ausdruck im Bewußtsein, das als zentrale Einheit von Instinkt und Erfahrung das Verhalten bestimmt. Je mehr dazu der bewußte Anteil beiträgt, desto geringer – wenn auch immer noch groß und lebensnotwendig – ist der Einfluß der unbewußten Instinkte und der Tendenz, auf dem Gewohnten zu beharren.

Mit diesen Feststellungen endet der weit gespannte Bogen vom biologischen und kulturellen Erbe über die Entwicklungsgeschichte und das Entwicklungspotential des Bewußtseins bis zur Gegenwart mit ihren spezifischen Herausforderungen. Homo sapiens hat ein Bewußtseinsstadium erreicht, das Handeln aus Einsicht möglich macht, auch wenn das Verhalten der großen Mehrheit dem noch zu widersprechen scheint. Selbst wo der Geist willig ist, ist das Fleisch meistens noch schwach. Doch die rasch wachsende Zahl tatkräftiger Wegbereiter und überzeugter Mitgehender läßt hoffen, daß deren Beispiele noch rechtzeitig einen allgemeinen »Sog der Masse« in Richtung auf eine gemeinsame Zukunftsgestaltung erzeugen.

Das schwache Fleisch, das sich so schwer tut, seinem willigen Geist zu folgen, besteht ja nicht nur aus stoffwechselaktiver und sinnenbegabter Materie, die von angeborenen Verhaltensmustern gesteuert wird. Es hat auch ein zu Selbstreflexion, Einsicht und Entscheidung begabtes Bewußtsein. Diese Sonderbegabung bedeutet Freiheit und Verantwortung zugleich, unabhängig davon, ob dies bewußt als Herausforderung oder unbewußt als Schuldgefühl wahrgenommen wird. Sie kann aber auch – besonders beim Handeln wider die Einsicht – Angst, Unsicherheit und Depression erzeugen, die entweder in die Apathie führen oder mit Machtallüren, Übervorteilung anderer oder sonstigen Drogen betäubt werden.

Diese Begleiterscheinungen der Selbstreflexion bewußt wahrzunehmen ist Teil der Selbsterkenntnis und der Erkenntnis des anderen. Laotse hat es (in der Übertragung Dallagos) im 33. Spruch des Dao De Jing, so ausgedrückt: »Andere erkennen ist klug, / sich selber erkennen ist weise; / Andere lenken ist Macht, / sich selber lenken ist Erleuchtung.«

Angst und Unsicherheit sind die stets präsenten Begleiter von Unkenntnis – im metaphysischen Bereich von Schuldgefühlen. Die sichersten Gegenmaßnahmen sind Kenntniserwerb (Bildung), eigene Urteilsbildung und Handeln aus Einsicht in die Erfordernisse. Ein solides Fundament dafür bildet das integrale Welt- und Menschenbild, einschließlich der Vorzüge eines fairen Ausgleichs oder Verzichts bei Interessenkonflikten und begrenzten Ressourcen.

Das integrale Bewußtsein hat uns, den »verständigen Menschen« Homo sapiens, in die Lage versetzt, die anstehenden Probleme nicht nur zu erkennen, sondern auch, so weit noch möglich, zu lösen. Daß es sich dabei primär um die Lösung ökosozialer Probleme handeln muß, ist eine Folge des bisherigen Verhaltens während der gesamten überschaubaren Menschheitsgeschichte. Der jetzt gefundene Schlüssel zur gemeinsamen Gestaltung menschenwürdiger Lebensbedingungen ist das *situationsgerechte Verhalten jedes einzelnen* – »unten« wie »oben«. Gefordert ist eine ökosoziale Revolution als Ergänzung und Korrektiv der Neolithischen und der Wissenschaftlich-Technischen Revolutionen, die zur gegenwärtigen Situation geführt haben (Abbildung 8).

Voraussetzungen und Folgen einer ökosozialen Revolution

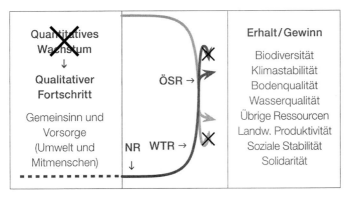

Abb. 8 Die entscheidenden Entwicklungsschritte der menschlichen Lebensweise seit Beginn der Seßhaftigkeit (NR = Neolithische und WTR = Wissenschaftlich-Technische Revolution), die als Folgeschritt eine ergänzende ökosoziale Revolution (ÖSR) erfordern. Diese dritte Revolution beantwortet die Fragezeichen in Abbildung 1 (S. 20). Zentrales Element ist der Ersatz des bisher dominierenden quantitativen Wachstums durch qualitativen Fortschritt, um einen ökologischen, ökonomischen und sozialen Kollaps zu vermeiden.

Dazu müssen wir in unserer eigenen und der uns umgebenden Natur den Rahmen für unsere kulturelle Evolution erkennen und anerkennen. Uns »die Erde untertan« zu machen heißt nicht, sie zu plündern und zu zerstören, sondern sie dem Stand der Kulturentwicklung entsprechend zum eigenen Nutzen zu erhalten und zu pflegen (lat. cultus = Anbau, Wartung, Pflege).

Die Naturgesetze gelten überall. Weder Auflehnung noch Ideologie, weder Fanatismus noch Dogmatismus haben darin Platz. Kultur ist Kenntnis, Nutzung und Pflege der Natur – auch der eigenen.

Für das integrale Bewußtsein sind Natur und Kultur eine untrennbare Einheit.

In Hölderlins Fragment »Hyperion« heißt es: »Doch uns ist gegeben / Auf keiner Stätte zu ruhn«, und sein Hymnus »Patmos« beginnt mit dem bekannten Ausspruch: »Wo aber Gefahr ist, wächst / das Rettende auch«. Ersteres bestätigen alle wissenschaftlichen Erkenntnisse ebenso wie alle individuellen Lebenswege und die gesamte Menschheitsgeschichte. Ob auch letzteres zutrifft, muß sich noch erweisen. Die notwendigen körperlichen, seelischen und geistigen Fähigkeiten sind uns gegeben. Wir, die bewegten Beweger, müssen uns allerdings entscheiden, sie auch zu nutzen.

Wenn der Schaden erst einmal irreparabel ist, kann auch keine Entscheidung mehr helfen.

Fazit: Vom Unwissen und Bewähren zum Wissen und Bewahren

So auch der Vollendete:
Er strebt nicht nach Größe, das Große vollendet ihn.
(Laotse, »Dao De Jing«, 34. Spruch)

Mein Bekenntnis zu realistischem Optimismus (oder optimistischem Realismus) habe ich sicher deutlich gemacht. Doch selbst wenn wir in der Lage sind, eine Situation oder ein Problem realistisch einzuschätzen – reicht dann unser Bewußtsein weit genug, um auch unsere Reaktion darauf realistisch einzuschätzen? Welches ferne Ziel sollen wir anstreben? Gibt es überhaupt ein Ziel, das unser Bewußtsein erfassen kann? Viele Menschen, vielleicht sogar die Mehrzahl, kannten bisher nur ein Ziel: das eigene Leben und Wohlleben; »Genuß und Begierde« des Augenblicks, wie sie Faust so exemplarisch verfolgte. Doch das stößt jetzt an harte Grenzen. Auch dafür ist Faust ein mahnendes Beispiel.

Für die Naturwissenschaften ist Entwicklung eine Folge vieler kleiner Zufallsereignisse wie beim radioaktiven Zerfall und der genetischen Mutation. Allem Anschein nach trifft dies auch auf die Menschheits- und Bewußtseinsentwicklung zu. Aus der Sicht des Individuums erscheint die eigene Entwicklung und damit auch die des eigenen Bewußtseins trotz der einprogrammierten Richtung keineswegs als gerade Linie, sondern als ständige Neu- und Umorientierung an kleinen und großen inneren und äußeren Anstößen und Hindernissen. Das Ergebnis ist ein laufend korrigiertes, erweitertes, ganz und gar persönliches und einzigartiges Erfahrungswissen, das großenteils aus zufälligen Begebenheiten, Lernen, Umlernen und der Beseitigung von Fehlern und Hindernissen entstanden ist.

Sollte dies nicht ebenso auf unsere Erkenntnis eines fehlerhaften Umgangs mit unserem Lebensraum Erde zutreffen – aus den begangenen Fehlern zu lernen und die selbst errichteten Hindernisse zu beseitigen? Ob eine Korrektur noch rechtzeitig gelingt, können wir erst im nachhinein wissen. Aber ohne ernsthaften Versuch wäre das Scheitern schon jetzt gewiß. Zu fragen, ob es ein großes übergeordnetes Ziel gibt und wie dies zu erreichen ist, wäre vermessen. Das klar erkennbare, vergleichsweise bescheidene und dennoch alle Kräfte fordernde Nahziel lautet Fehlerkorrektur.

Das Modewort für Fehlerkorrektur und für die Beseitigung von Hindernissen heißt »Krisenbewältigung«. Doch die erschöpft sich derzeit noch weitgehend in einem Aktionismus, der Fehler kurzfristig verlagert oder verdeckt anstatt sie unter ökosozialen Gesichtspunkten nachhaltig zu korrigieren.

Und noch eines ist gewiß: daß wir alle, bei aller Verschiedenheit im Denken, Fühlen, Wollen und Wünschen, Mitglieder einer globalen Schicksalsgemeinschaft sind, deren Zukunft wir, so weit überhaupt, nur gemeinsam gestalten und sichern können. Ebenso wissen wir, daß es dafür kein Patentrezept geben kann. Die Ansichten darüber, was und wie etwas geschehen muß, sind so verschieden wie ihre Verfechter. Auch mit meinen Interpretationen und Schlußfolgerungen wird nicht jeder übereinstimmen, so wenig wie ich mit denen übereinstimmen kann, die, ganz gleich aus welchen Motiven, keinen Grund zum Handeln sehen oder sehen wollen.

Dennoch hoffe ich auf weitgehende Zustimmung zu meinem Plädoyer für eine vordringliche Lösung der ökosozialen Probleme, wie ich sie dargestellt habe. Auch wenn das Bewußtsein dabei eine zentrale Rolle einnimmt, entscheidet doch letztlich das Verhalten. Insofern kann nicht nachdrücklich genug betont werden, wie sehr das alles entscheidende Verhalten der Mehrheit von der sozialen und geistigen Reife des einzelnen, von seinem gesellschaftlichen Umfeld, seiner Eigenständigkeit gegenüber der Sogwirkung der Masse und dem gefühlten oder tatsächlichen Gruppenzwang abhängt.

Es war ein weiter Weg vom archaischen Vorbewußtsein, magischen Erspüren, mythischen Vorstellen und mentalen Denken und Berechnen bis zum integralen »Gänzlichen« – vom Bewähren in der Konkurrenz der Arten bis zum Bewahren ihrer und damit auch unserer eigenen Lebensmöglichkeiten. Aber wir sind diesen Weg noch nicht zu Ende gegangen. Das Etappenziel einer nachhaltigen Korrektur des individuellen und kollektiven Verhaltens hat Homo sapiens in seiner überwiegenden Mehrheit noch nicht erreicht. Die Zeit des quantitativen Wachstums und billigen Massenkonsums ist abgelaufen. Wir wissen, daß Lebensqualität nur noch durch qualitativen Fortschritt und bewußtes ökosoziales Verhalten gesichert werden kann.

Je fundierter die Kenntnisse jedes einzelnen, je sicherer die Urteilsfähigkeit und je größer die Eigenständigkeit im Handeln sind – und je stärker diese Eigenschaften gefördert werden –, desto größer werden die Bereitschaft und die Beiträge zur gemeinschaftlichen Problemlösung sein. »Wissen ist Macht«, aber nicht nur Macht über andere, sondern vor allem auch Macht über sich selbst und das eigene Verhalten.

Ich beschließe diese Erörterungen in der gleichen ge-dichteten Kürze, wie ich sie begonnen habe. Es ist meine Interpretation dessen, was uns alle verbindet: die auffallende Ähnlichkeit der Bewußtseinsentwicklung des einzelnen Menschen und der Menschheit insgesamt. Beides ergibt das Bild einer graduellen Entfaltung von der unbewußten Einheit zum bewußten Einssein mit der Natur – von der unreflektierten Ungeschiedenheit zur Reflexion und Erkenntnis des Einsseins in Verschiedenheit.

Von Unwissen, Unschuld und Bewährung zu Wissen, Verantwortung und Bewahren.

Aus dem raumlosen zeitlosen Dunkel
Der Ur-Sprung ins Sein
Noch vor Leid und vor Liebe
Magisch verwoben
Alles ist eins

Wird mythisch verkettet
Wird Vielfalt von Kräften
Wird Liebe und Haß
Aus Einheit wird Trennung
Wird Leid und Kultur

Raum wird gemessen Zeit wird gezählt
Alles wird Zahl wird gewertet wird Geld
Und wird Macht und wird Angst
Und wird Gier und wird Mord
Bedroht und allein

Vollendung des Ursprungs
Sprengt Maß und Begrenzung
Vereinigt Getrenntes
Unendliche Mischung ist alles in einem
Und nichts ist für sich

Dasein
Sosein
Bewußtsein
Mitsein
Einssein

Literatur- und Quellenhinweise

Angelus Silesius: Der cherubinische Wandersmann oder Geistreiche Sinn- und Schlussreime. Zürich: Diogenes, Neuausgabe 2006.

Aristoteles: Nikomachische Ästethik. Stuttgart: Reclam,1986, I,4.

Aristoteles: Historia animalium. Cambridge: Cambridge Univ. Press, 2002, V,19.

Armstrong, Karen: Eine kurze Geschichte des Mythos. München: DTV, 2007.

Assmann, Jan: Ma'at. Gerechtigkeit und Sterblichkeit im alten Ägypten. München: Beck, 2. überarb. Ausg. 2006.

Assmann, Jan: Das kulturelle Gedächtnis. Schrift, Erinnerung und politische Identität in frühen Hochkulturen. München: Beck, 3. Aufl. 2008.

Assmann, Jan: Ägypten. Eine Sinngeschichte. Frankfurt: Fischer, 4. Aufl. 2005.

Badisches Landesmuseum Karlsruhe (Hrsg.): Vor 12.000 Jahren in Anatolien. Die ältesten Monumente der Menschheit. Stuttgart: Theiss, 2007.

Bauval, Robert: Der Ägypten-Code. Rottenburg: Kopp, 2007

Böhme, Gernot (Hrsg): Klassiker der Naturphilosophie. Von den Vorsokratikern bis zur Kopenhagener Schule. München: Beck, 1989.

Bonhoeffer, Tobias; Gruss, Peter (Hrsg): Zukunft Gehirn. München: Beck, 2011.

Buber, Martin: Der Weg des Menschen nach der chassidischen Lehre. Gütersloh: Gütersloher Verlagshaus, 17. Aufl. 2001.

Burckhardt, Jacob: Griechische Kulturgeschichte. Frankfurt: Insel, 2003.

Burkert, Walter: Die Griechen und der Orient. München: Beck, 3. Aufl. 2009.

Campbell, Joseph: Lebendiger Mythos. München: Goldmann, 1993.

Campbell, Joseph / Moyers, Bill: Die Kraft der Mythen. Bilder der Seele im Leben des Menschen. Mannheim: Artemis & Winkler, 2. Aufl. 2007.

Canetti, Elias: Masse und Macht. Frankfurt: Fischer, 32. Aufl. 2011.

Carson, Rachel: Stummer Frühling, München: Beck, 2007.

Dalai Lama: Die Welt in einem einzigen Atom. Meine Reise durch Wissenschaft und Buddhismus. Freiburg: Herder, 2011.

Damasio, Antonio: Selbst ist der Mensch. Körper, Geist und die Entstehung des menschlichen Bewußtseins. München: Siedler, 2011.

Demoll, Reinhard: Ketten für Prometheus. Gegen die Natur oder mit ihr? München: Bruckmann, 1954.

Diamond, Jared: Der dritte Schimpanse. Evolution und Zukunft des Menschen. Frankfurt: Fischer, 6. Aufl. 2012.

Diamond, Jared: Arm und Reich. Die Schicksale menschlicher Gesellschaften. Frankfurt: Fischer, 8. Aufl. 2006.

Diamond, Jared: Kollaps. Warum Gesellschaften überleben oder untergehen. Frankfurt: Fischer, 2. Aufl. 2011.

Dohmen, Christoph: Die Bibel und ihre Auslegung. München: Beck, 3. Aufl. 2007.

Dunbar, Robin: Warum die Menschen völlig anders wurden. In: Evolution und Kultur des Menschen. Hrsg. Ernst Peter Fischer und Klaus Wiegandt. Frankfurt: Fischer, 2010.

EASAC policy report 19: The current status of biofuels in the European Union, their environmental impacts and future prospects, Halle/Saale: www.easac.eu, 2012.

Eibl-Eibesfeldt, Irenäus; Sütterlin, Christa: Im Banne der Angst. Zur Natur- und Kunstgeschichte menschlicher Abwehrsymbolik. München: Piper, 1992.

Eibl-Eibesfeldt, Irenäus; Sütterlin, Christa: Weltsprache Kunst. Zur Natur- und Kunstgeschichte bildlicher Kommunikation. Wien: Brandstätter, 2. Aufl. 2008.

Eliade, Mircea: Geschichte der religiösen Ideen. Freiburg: Herder, 1993.

Eliade, Mircea: Kosmos und Geschichte – Der Mythos der ewigen Wiederkehr. , Frankfurt: Insel Verlag, 2007.

Elias, Norbert: Die Gesellschaft der Individuen. Frankfurt: Suhrkamp, 2003.

Faltin, Günter: Kopf schlägt Kapital. Die ganz andere Art, ein Unternehmen zu gründen. Von der Lust, ein Entrepreneur zu sein. München: Hanser, 2011.

Fischer, Ernst Peter: Aristoteles, Einstein & Co. München: Piper, 3. Aufl. 2006.

Fischer, Ernst Peter: Einstein, Hawking, Singh & Co. München: Piper, 2. Aufl. 2006.

Foley, Robert: Humans before humanity. Oxford: Blackwell, 1997.

Freud, Sigmund, Das Unbehagen in der Kultur. Frankfurt: S. Fischer, 2009.

Fromm, Erich: Haben oder Sein. Die seelischen Grundlagen einer neuen Gesellschaft. München: DTV, 2005.

Fromm, Erich: Märchen, Mythen, Träume. Eine Einführung in das Verständnis einer vergessenen Sprache. Hamburg: Rowohlt, 1982.

Gebser, Jean: Gesamtausgabe, Band 2. Ursprung und Gegenwart 1. Quern Neukirchen: Novalis Verl., 1999.

Gebser, Jean: Gesamtausgabe, Band 3. Ursprung und Gegenwart 2. Quern Neukirchen: Novalis Verl., 5. Aufl. 2011.

Gehlen, Arnold: Urmensch und Spätkultur: Philosophische Ergebnisse und Aussagen. Frankfurt: Klostermann, 6. Aufl. 2004.

Gierer Alfred: Im Spiegel der Natur erkennen wir uns selbst. Reinbek: Rowohlt, 1998.

Gierer, Alfred: Biologie, Menschenbild und die knappe Ressource Gemeinsinn. Würzburg: Königshausen & Neumann, 2005.

Gigerenzer, Gerd: Bauchentscheidungen. Die Intelligenz des Unbewußten und die Macht der Intuition. München: Goldmann 2008.

Gigerenzer, Gerd: Risiko. Wie man die richtigen Entscheidungen trifft. München: Bertelsmann, 2013.

Goethe, Johann Wolfgang von: Sämtliche Gedichte. Frankfurt: Insel Verl., 2007.

Goethe, Johann Wolfgang von: Faust. Der Tragödie erster Teil. Stuttgart: Reclam, 2000.

Goethe, Johann Wolfgang von: Faust. Der Tragödie zweiter Teil. Stuttgart: Reclam, 2001.

Gombrich, Ernst H.: Geschichte der Kunst. Berlin: Phaidon, 2002.

Gombrich, Ernst H.: Kunst und Illusion: Zur Psychologie der bildlichen Darstellung. Berlin: Phaidon, 2010.

Görg, Manfred: Mythos, Glaube und Geschichte: Die Bilder des christlichen Credo und ihre Wurzeln im alten Ägypten. Düsseldorf: Patmos, 2005.

Görg, Manfred: Religionen in der Umwelt des Alten Testaments, Bd.3: Die Religionen der Alten Ägypter: Wurzeln – Wege – Wirkungen. Stuttgart: Kohlhammer, 2007.

Görg, Manfred / Wimmer, Stefan: Blätter Abrahams. Beiträge zum interreligiösen Dialog, Heft 6. München: Freunde Abrahams e. V., 2007.

Haarmann, Harald: Das Rätsel der Donauzivilisation. Die Entdeckung der ältesten Hochkultur Europas. München: Beck, 2. Aufl. 2012.

Haarmann, Harald : Geschichte der Schrift. München: Beck, 2009.

Hahlbrock, Klaus: Kann unsere Erde die Menschen noch ernähren? Frankfurt: Fischer, 5. Aufl. 2009.

Hahlbrock, Klaus: Szenario Ernährung. In: Perspektiven einer nachhaltigen Entwicklung: Wie sieht die Welt im Jahr 2050 aus? Hrsg. Harald Welzer und Klaus Wiegandt. Frankfurt: Fischer, 2. Aufl. 2012, S. 223–252.

Halbfas, Hubertus: Der Glaube. Ostfildern: Patmos, 2010.

Hasinger, Günther: Das Schicksal des Universums: Eine Reise vom Anfang zum Ende. München: Beck, 2009.

Hesiod: Theogonie. Berlin: Akad. Verl., 5. Aufl. 2012.

Heidegger, Martin: Der Feldweg. Frankfurt: Klostermann, 3. Aufl. 2002.

Heisenberg, Werner: Ordnung der Wirklichkeit. München: Piper, 1989.

Hölderlin, Friedrich: Hyperion oder Eremit in Griechenland. München: DTV, 2008.

Hölderlin, Friedrich: Patmos. Dem Landgrafen vom Homburg überreichte Handschrift. Tübingen: Mohr, 1949.

Hochgesang, Michael: Mythos und Logik im 20. Jahrhundert. München: Beck, 2. Aufl. 1969.

Hübner, Kurt: Die Wahrheit des Mythos. München: Beck, 1985.

Hübner, Kurt: Glaube und Denken: Dimensionen der Wirklichkeit. Tübingen: Mohr Siebeck, 2. Aufl. 2004.

Hüther, Gerald: Was wir sind und was wir sein könnten. Ein neurobiologischer Mutmacher. Frankfurt: Fischer, 2013.

Huxley, Aldous: Die Pforten der Wahrnehmung. Himmel und Hölle. Erfahrungen mit Drogen. München: Piper, 2010.

Jaeger, Michael: Global Player Faust oder das Verschwinden der Gegenwart. Zur Aktualität Goethes. Berlin: wjs, 2. Aufl. 2008.

Jäger, Jill: Was verträgt unsere Erde noch? Wege in die Nachhaltigkeit. Frankfurt: Fischer, 2007.

Jäger, Willigis: Westöstliche Weisheit. Visionen einer integralen Spiritualität. Freiburg: Herder, 2012.

Jaspers, Karl: Einführung in die Philosophie. München: Piper, 29. Aufl. 2012.

Jaspers, Karl: Vom Ursprung und Ziel der Geschichte . München: Piper, 9. Aufl. 1988.

Joas, Hans / Wiegandt, Klaus (Hrsg): Säkularisierung und die Weltreligionen. Frankfurt: Fischer, 2007.

Jung, Carl G.: Bewußtes und Unbewußtes. Frankfurt: Fischer, 1987.

Jung, Carl G: Die Beziehungen zwischen dem Ich und dem Unbewußten. München: DTV, 2001.

Kandel, Eric: Auf der Suche nach dem Gedächtnis. Die Entstehung einer neuen Wissenschaft des Geistes. München: Goldmann, 2009.

Kandel, Eric: Das Zeitalter der Erkenntnis. Die Erforschung des Unbewußten in Kunst, Geist und Gehirn von der Wiener Moderne bis heute. München: Siedler, 2012.

Kapuściński, Ryszard: Der Andere. Frankfurt: Suhrkamp, 2008.

Kaufmann, Stefan H. E.: Wächst die Seuchengefahr? Frankfurt: Fischer, 2008.

Keel, Othmar: Die Welt der altorientalischen Bildsymbolik und das Alte Testament. Göttingen: Vandenhoeck & Ruprecht, 1996.

Küng, Hans: Der Anfang aller Dinge. Naturwissenschaft und Religion. München: Piper, 2008.

Küng, Hans: Projekt Weltethos. München: Piper, 12. Aufl. 2010.

Küppers, Bernd-Olaf: Nur Wissen kann Wissen beherrschen. Macht und Verantwortung der Wissenschaft. Köln: Fackelträger, 2008.

Laotse / Dallago, Carl: Der Anschluß an das Gesetz oder der große Anschluß. Versuch einer Wiedergabe des Taoteking. Heidelberg: Schneider, 1953.

Leggewie, Claus / Welzer, Harald: Das Ende der Welt, wie wir sie kannten. Klima, Zukunft und die Chancen der Demokratie. Frankfurt: Fischer, 2011.

Leppin, Hartmut: Das Erbe der Antike. München: Beck, 2010.

Lorenz, Konrad: Die acht Todsünden der Menschheit. München: Piper, 34. Aufl. 1996.

Lorenz, Konrad: Die Rückseite des Spiegels. Versuch einer Naturgeschichte menschlicher Erkenntnis. München: Piper, 1997.

Lurker, Manfred: Die Botschaft der Symbole in Mythen, Kulturen und Religionen. München: Kösel, 2. Aufl. 1992.

Markl, Hubert: Natur als Kulturaufgabe. Über die Beziehung des Menschen zur lebendigen Natur. Stuttgart: Knaur, 1991.

Mayr, Ernst: Eine neue Philosophie der Biologie. München: Piper, 1991.

Meadows, Donella / Randers, Jørgen / Meadows, Dennis L.: Grenzen des Wachstums. Das 30-Jahre-Update: Signal zum Kurswechsel. Stuttgart: Hirzel, 2012.

Miegel, Meinhard: Exit. Wohlstand ohne Wachstum. Berlin: List, 2. Aufl. 2012.

Müller, Harald: Wie kann eine neue Weltordnung aussehen? Wege in eine nachhaltige Politik. Frankfurt: Fischer, 2011.

Nationale Akademie der Wissenschaften Leopoldina: Bioenergie – Möglichkeiten und Grenzen, Halle/Saale: www.leopoldina.org, 2012.

Neumann, Erich: Ursprungsgeschichte des Bewußtseins. Frankfurt: Fischer, 1995.

Ohlig, Karl-Heinz: Religion in der Geschichte der Menschheit. Die Entwicklung des religiösen Bewußtseins. Darmstadt: Wissenschaftliche Buchgesellschaft, 2. Aufl. 2006.

Ovid Nasu, Publius: Metamorphosen. München: DTV, 2010.

Paech, Niko: Befreiung vom Überfluß. Auf dem Weg in die Postwachstumsökonomie. München: Oekom, 2013.

Platon: Apologie des Sokrates. Stuttgart: Reclam, 1989.

Portmann, Adolf: An den Grenzen des Wissens. Vom Beitrag der Biologie zu einem neuen Weltbild. Frankfurt: Fischer, 1976.

Quammen, David: Spillover. Animal infections and the next human pandemic. New York: Norton, 2012.

Radermacher, Franz Josef & Beyers, Bert: Welt mit Zukunft. Die ökosoziale Perspektive. Hamburg: Murmann, 2011.

Rahmstorf, S./Schellnhuber, H. J.: Der Klimawandel. C. H. Beck, 7. Aufl., 2012

Randers, Jørgen: 2052. Der neue Bericht an den Club of Rome. Eine globale Prognose für die nächsten 40 Jahre. München: Oekom, 2012.

Reichholf, Josef H.: Ende der Artenvielfalt? Gefährdung und Vernichtung von Biodiversität. Frankfurt: Fischer, 2008.

Rilke, Rainer Maria: Gedichte. Frankfurt: Insel Verl., 2006.

Rilke, Rainer Maria: Duineser Elegien. Stuttgart: Reclam, 1997.

Rizzolatti, Giacomo/Sinigaglia, Corrado: Empathie und Spiegelneurone. Die biologische Basis des Mitgefühls. Frankfurt: Suhrkamp, 2008.

Rüegg, Johann Caspar: Mind & Body. Wie unser Gehirn die Gesundheit beeinflußt. Stuttgart: Schattauer, 2010.

Sacks, Oliver: Der Mann, der seine Frau mit einem Hut verwechselte. Reinbeck: Rowohlt, 34. Aufl. 2009.

Schade, Uwe: Die Harmonie der Welt. Lyrik eines Landstreichers. Freiburg: Schillinger, 2001.

Schmidt, Klaus: Sie bauten die ersten Tempel. Das rätselhafte Heiligtum der Steinzeitjäger. München: DTV, 2008.

Schmidt-Bleek, Friedrich: Nutzen wir die Erde richtig? Die Leistungen der Natur und die Arbeit des Menschen. Frankfurt: Fischer, 2008.

Schmoeckel, Reinhardt: Die Indoeuropäer. Aufbruch aus der Vorgeschichte. Beltheim-Schnellbach: Lindenbaum, 2012.

Schrenk, Friedemann: Die Frühzeit des Menschen. Der Weg zum Homo sapiens. München: Beck, 2008.

Sophokles: Antigone. Stuttgart: Reclam, 1986.

Taylor, Charles: Das Unbehagen an der Moderne. Frankfurt: Suhrkamp, 1995.

Taylor, Charles: Die Formen des Religiösen in der Gegenwart. Frankfurt: Suhrkamp, 2001.

Tomasello, Michael: Warum wir kooperieren. Berlin: Suhrkamp, 2010.

Tomasello, Michael: Der Ursprung der menschlichen Kommunikation. Frankfurt: Suhrkamp, 2. Aufl. 2011.

Uelsberg, Gabriele (Hrsg.): Roots – Wurzeln der Menschheit. Katalog zur Ausstellung im Rheinischen Landesmuseum Bonn. Mainz: von Zabern, 2006.

Vaitl, Dieter: Veränderte Bewußtseinszustände. Grundlagen – Techniken – Phänomenologie. Stuttgart: Schattauer, 2012.

Vialou, Denis: Frühzeit des Menschen. München: Beck, 1992.

Welzer, Harald: Klimakriege. Wofür im 21. Jahrhundert getötet wird. Frankfurt: Fischer, 2012.

Wickler, Wolfgang: Die Biologie der Zehn Gebote. Warum die Natur für uns kein Vorbild ist. München: Piper, 2000.

Weizsäcker, Carl Friedrich von: Der Garten des Menschlichen. Frankfurt: Fischer, 1992.

Wilber, Ken: Halbzeit der Evolution. Der Mensch auf dem Weg vom animalischen zum kosmischen Bewußtsein. Frankfurt: Fischer, 2009.

Wilson, Edward O.: Der Wert der Vielfalt. Die Bedrohung des Artenreichtums und das Überleben des Menschen. München: Piper, 1997.

Wilson, Edward O.: Die soziale Eroberung der Erde. Eine biologische Geschichte des Menschen. München: Beck, 2013.

Yunus, Muhammad: Social Business. Von der Vision zur Tat. München: Hanser, 2010.

Zimmermann, W. F. A.: Der Erdball und seine Naturwunder. Populäres Handbuch der physischen Geographie. Berlin: Hempel, 11. Aufl. 1861.

Bildnachweis

Aus: Eibesfeldt, Irenäus/Sütterlin, Christa: Weltsprache Kunst. Zur Natur- und Kunstgeschichte bildlicher Kommunikation, Wien 2007, S. 38: 73 (ganz links)

Aus: Harald Haarmann: Das Rätsel der Donauzivilisation: Die Entdeckung der ältesten Hochkultur Europas, 2012, S. 141: 150

Bildarchiv Preußischer Kulturbesitz – bpk/Antikensammlung, SMB / Johannes Laurentius: 73 (2. v. links)

Klaus Hahlbrock: 20, 140 (rechts), 207

Ulmer Museum: 72 (links)

Deutsches Archäologisches Institut (N.Becker, K.Schmidt, D.Johannes): 56, 57 (2)

Wikipedia: 72 (rechts), 73 (rechts), 73 (ganz rechts), 140 (links), 183

Namensregister